AF602568

# Echos de Turquie

**Vivre au grand jour**
**Vivre libre ou mourir**



« L'idéal de la justice qui nous soutenait hier doit nous soutenir demain. Nulle considération ne saurait primer les questions d'équité et d'humanité. Au-dessus des intérêts qui passent, il y a le respect de la parole donnée, l'Honneur.
Ce sont les problèmes moraux qui dominent tout ».

P. DESCHANEL
PRÉSIDENT
DE LA RÉPUBLIQUE FRANÇAISE

PARIS
IMPRIMERIE BILLARD & BAILLARD
54, Rue Greneta, 54
—
1920

BIBLIOTHEQUE NATIONALE
R.F.
IMPRIMES

# PRÉFACE

La présente brochure est publiée dans le but de faire la lumière sur les divers événements qui se sont déroulés depuis la conclusion de l'armistice en Orient.

Les différents documents qu'elle contient permettront aux lecteurs de voir les choses orientales sous leur vrai jour, de connaître et d'apprécier le légitimes soucis de la nation ottomane.

L'occupation injuste de la région de Smyrne par les troupes helléniques a mis toute la nation dans une situation fortement inquiétante et lui a donné le légitime droit de défendre le sol de la patrie, la vie et l'honneur de la famille. Le mouvement nationaliste, nouvelle preuve de la vitalité du peuple turc, animé par des sentiments du plus pur et du plus noble patriotisme, ne nourrit aucune rancune, ni haine envers l'Entente.

L'ingérence continuelle des Puissances Alliées dans nos affaires intérieures, l'occupation de Constantinople et les arrestations des militaires et des députés et d'autres actes de violation flagrante du traité d'armistice et du droit de l'homme ont largement légitimé la constitution de l'armée nationale.

Ces interventions abusives ont, d'autre part, paralysé et amoindri le prestige du Sultan et l'autorité de Son Gouvernement.

Cette brochure donne des détails sur tous ces événements, et fait quelques réflexions sur l'ensemble du Traité de paix.

Le grand argument moral invoqué par ceux qui préconisent une politique injuste et restrictive à l'égard de la nation ottomane, ce sont les massacres dont se seraient rendus coupables les Turcs. Mais l'enquête Carnegie, après la guerre balkanique et l'enquête sur les événements de Smyrne ont clairement démontré de quel côté se trouvaient les vrais coupables. La Sublime Porte et tous les Ottomans ne cessent de réclamer encore à ce que les grandes Puissances envoient sur les lieux une commission mixte pour rétablir la réalité des faits. Toutes ces réclamations sont restées malheureusement sans réponse.

Il serait contraire à tout esprit d'équité de priver le peuple turc, dans cette époque de liberté et de justice et sans prendre en considération le principe des nationalités, de son libre développement, de ses droits légitimes, de son indépendance et de lui interdire le droit de se défendre en ne laissant la parole qu'à ceux qui l'accusent et convoitent ses territoires. Il est aussi pénible de constater que les Austro-Allemands, les responsables directs de la guerre générale, et les Bulgares n'ont pas eu le sort cruel que l'on destine volontairement aux Turcs.

Le peuple turc, en ces heures de particulière gravité, fait appel encore une fois à l'équité des peuples libres de l'Europe et de l'Amérique, afin que son sort soit réglé avec un esprit de justice et d'impartialité.

Il est certain que la tranquillité dans le proche Orient dépendra entièrement des résolutions sages, impartiales et équitables que les Puissances Alliées adopteront à l'égard de la Turquie. Le maintien de la complète souveraineté ottomane dans les parties turques de l'Empire Ottoman constitue une solution juste et en même temps une mesure de sécurité dans ces régions.

Ce n'est pas au moment où l'on reconstitue la Pologne que l'on doit songer au démembrement de la Turquie.

*Paris, Juin 1920*

# Les Conditions de l'Armistice

## conclu avec la Turquie

1° *Ouverture des Dardanelles et du Bosphore et libre accès à la Mer Noire. Occupation militaire par les Alliés des forts des Dardanelles et du Bosphore ;*

2° *Les positions de tous les champs de mines, des tubes lance-torpilles et de toute autre obstruction dans les eaux turques seront indiquées et toute l'aide nécessaire sera apportée pour draguer ou enlever ces obstacles ;*

3° *Communication de toutes les informations au sujet des mines qui sont dans la Mer Noire ;*

4° *Tous les prisonniers de guerre Alliés, tous les Arméniens prisonniers internés devront être réunis à Constantinople, pour y être remis sans condition aux Alliés.*

5° *Démobilisation immédiate de l'armée turque, excepté les troupes nécessaires pour la surveillance des frontières et le maintien de l'ordre intérieur ; les effectifs et leur répartition seront déterminés ultérieurement par les Alliés après avoir pris l'avis du gouvernement turc ;*

6° *Reddition de tous les bâtiments de guerre actuellement dans les eaux turques ou dans les eaux occupées par les Turcs. Ces bâtiments seront internés dans le ou les ports turcs qui seront désignés, excepté les petits bâtiments qui seront nécessaires pour la police ou à des fins similaires dans les eaux territoriales turques ;*

7° *Les Alliés auront le droit d'occuper tous les points stratégiques dans le cas où les choses deviendraient menaçantes pour la sécurité des Alliés ;*

8° *Libre usage pour les navires alliés de tous les ports et mouillages actuellement occupés par les Turcs et interdiction à l'ennemi de se servir de ces ports. Les mêmes conditions seront appliquées aux bâtiments de commerce turcs dans les eaux turques pour des buts commerciaux et pour la démobilisation de l'armée ;*

9° *Usage de tous les moyens de réparations qui se trouvent dans les ports de Turquie et leurs arsenaux ;*

10° *Occupation militaire par les Alliés du système de tunnels du Taurus ;*

11° *Le retrait immédiat des troupes turques au nord-ouest de la Perse jusque derrière la frontière d'avant-guerre a déjà été ordonné et sera confirmé.*

*Les troupes turques ont déjà reçu ordre d'évacuer une partie de la Transcaucasie, le reste sera retiré si les Alliés le demandent, après étude de la situation locale ;*

12° *Les stations de T. S. F. et les câbles seront sous le contrôle des Alliés, excepté en ce qui concerne les communications du gouvernement turc ;*

13° *Défense de détruire aucun matériel naval militaire ou commercial ;*

14° *Des facilités devront être données aux Alliés pour l'achat de charbon, huiles, mazout, matériel naval que l'on peut obtenir de source turque, après que les besoins du pays auront été assurés. Aucune de ces matières ne pourra être exportée ;*

15° *Des officiers alliés seront placés pour contrôler tous les chemins de fer, y compris les parties du Transcaucasien actuellement sous le contrôle de la Turquie, qui devront être mises à la libre et entière disposition des autorités alliées, en prenant considération des besoins de la population. Il résulte de cette clause que les Alliés ont le droit d'occuper Batoum. La Turquie ne fera aucune objection à l'occupation de Bakou par les Alliés ;*

16° *Reddition de toutes les garnisons de l'Hedjaz, Assir, Yemen, Syrie, Mésopotamie, au commandement allié le plus rapproché, et retrait des troupes de Cilicie, excepté celles qui sont nécessaires au maintien de l'ordre, ainsi qu'il est décidé à la clause* 5.

17° *Reddition de tous les officiers turcs en Tripolitaine et en Cyrénaïque à la garnison italienne la plus proche. La Turquie s'engage à arrêter tout envoi d'approvisionnements et à cesser toutes communications avec ces officiers s'ils ne se soumettent pas à l'ordre de se rendre ;*

18° *Reddition de tous les forts occupés en Tripolitaine et en Cyrénaïque, y compris Misurata, à la garnison la plus proche ;*

19° *Tous les sujets allemands et autrichiens, militaires ou civils, seront évacués d'ici un mois de tout le ter-*

*ritoire turc et dans les districts trop éloignés, aussitôt que cela sera possible ;*

20° *Exécution de tous les ordres qui pourraient être donnés pour la mise à la disposition de l'équipement, armes, munitions, y compris les moyens de transport de la fraction de l'armée turque qui sera démobilisée, conformément à la clause 5 ;*

21° *Un représentant allié sera attaché au ministère turc du ravitaillement, de façon à sauvegarder les intérêts des Alliés. Ce représentant recevra tous les renseignements nécessaires à ce sujet ;*

22° *Les prisonniers turcs seront gardés à la disposition des puissances alliées. L'élargissement des prisonniers civils turcs et des prisonniers ayant dépassé l'âge du service militaire sera pris en considération ;*

23° *Obligation pour la Turquie de cesser toutes relations avec les puissances centrales ;*

24° *En cas de désordre dans un des vilayets arméniens, les Alliés se réservent le droit d'en occuper une partie ;*

25° *Les hostilités entre les Alliés et la Turquie cesseront à partir de midi, temps local, jeudi, 31 octobre 1918.*

# LE PROGRAMME WILSON

**Les quatorze points qui doivent servir de base à la discussion de la paix :**

1° Des conventions de paix au grand jour, préparées au grand jour, après lesquelles il n'y aura point d'accords internationaux privés, d'ententes particulières et secrètes d'aucune sorte entre les nations ; mais la diplomatie agira toujours franchement aux yeux de tous ;

2° Liberté absolue de navigation sur mer, en dehors des eaux territoriales, aussi bien en temps de paix qu'en temps de guerre, excepté pour les mers qui pourraient être fermées, en totalité ou en partie, par une action internationale destinée à l'exécution d'accords internationaux ;

3° Suppression, autant que possible, de toutes les barrières économiques, et établissement de conditions commerciales égales pour toutes les nations consentant à la paix et s'associant pour son maintien ;

4° Echange de garanties suffisantes que les armements nationaux seront réduits au dernier point compatible avec la sécurité intérieure ;

5° Libre arrangement, dans un esprit large et complètement impartial, de toutes les revendications coloniales, basé sur la stricte observation du principe que, dans le règlement de ces questions de souveraineté, les intérêts des populations intéressées pèseront d'un même poids que les revendications équitables du gouvernement dont le titre de possession doit être déterminé ;

6° Evacuation du territoire russe tout entier et règlement de toutes les questions concernant la Russie, qui assure la meilleure et la plus libre coopération de toutes les nations du monde en vue de donner à la Russie toute latitude, sans entrave ni obstacle, de décider, en pleine indépendance, de son propre développement politique et de son organisation nationale ; qui lui assure aussi un sincère et bienveillant accueil dans la société des nations libres, avec des institutions de son propre choix : et même, plus qu'un accueil, l'aide de toute sorte dont elle pourra avoir besoin et qu'elle pourra souhaiter. Le traitement qui sera accordé à la Russie par ses nations sœurs dans les mois à venir, sera la pierre de touche de leur bonne volonté, de leur compréhension des besoins de la Russie, abstraction faite de leurs propres intérêts, enfin, de leur sympathie intelligente et généreuse ;

7° Il faut que la Belgique, tout le monde en conviendra, soit évacuée et restaurée, sans aucune tentative pour restreindre la souveraineté dont elle jouit au même titre que toutes les autres nations libres. Aucun autre acte isolé ne saurait servir autant que celui-ci à rendre aux nations leur confiance en les lois qu'elles ont elles-mêmes établies et fixées, pour régir leurs relations réciproques ; sans cet acte réparateur, toute l'armature du droit international et toute sa valeur seraient ébranlées à jamais ;

8° Le territoire français tout entier devra être libéré et les régions envahies devront être restaurées ; le préjudice causé à la France par la Prusse en 1871 en ce qui concerne l'Alsace-Lorraine, préjudice qui a troublé la paix du monde durant près de cinquante ans, devra être réparé afin que la paix puisse de nouveau être assurée dans l'intérêt de tous ;

9° Une rectification des frontières italiennes devra être opérée conformément aux données clairement perceptibles du principe des nationalités ;

10° Aux peuples de l'Autriche-Hongrie, dont nous désirons sauvegarder et assurer la place parmi les nations, devra être accordée au plus tôt la possibilité d'un développement autonome ;

11° La Roumanie, la Serbie et le Monténégro devront être évacués ; les territoires occupés devront être restaurés ; à la Serbie, devra être assuré un libre accès à la mer ; les rapports des Etats balkaniques entre eux devront être déterminés par un échange amical de vues, travaillant sur des données d'attaches traditionnelles et nationales historiquement établies ; des garanties internationales d'indépendance politique, économique et d'intégralité territoriale devront être prises en faveur de ces différents Etats ;

12° *Aux régions turques de l'Empire ottoman actuel devront être garanties la souveraineté et la sécurité ; mais, aux autres nations qui sont maintenant sous la domination turque, on devra garantir une sécurité absolue d'existence et la pleine possibilité de se développer d'une façon autonome, sans être aucunement molestées ; quant aux Dardanelles, elles devront rester ouvertes comme un passage libre pour les navires et le commerce de toutes les nations, sous la protection des garanties internationales ;*

13° Un Etat polonais indépendant devra être créé, qui comprendra les territoires habités par des populations indiscutablement polonaises, auxquelles on devra assurer un libre accès à la mer ; leur indépendance politique et économique aussi bien que leur intégralité territoriale devront être garanties par un accord international ;

14° Il faut qu'une association générale des nations soit constituée en vertu de conventions formelles, ayant pour objet d'offrir des garanties mutuelles d'indépendance politique et d'intégralité territoriale aux petits comme aux grands Etats.

**Voici, d'autre part, les quatre principes à appliquer pour une paix durable, principes énumérés dans le message du 12 février 1918 :**

1° Chaque partie du règlement final doit être essentiellement basée sur la justice dans chaque cas spécial, sous réserve des dispositions particulières les plus propres à garantir une paix permanente ;

2° Il faut que les peuples et les provinces cessent d'être troqués entre les gouvernements comme de simples biens meubles, ou comme des pièces échangeables dans un jeu, dans le grand jeu aujourd'hui discrédité à jamais de l'équilibre des Puissances ;

3° Il ne doit être fait, dans cette guerre, aucun règlement territorial qui ne réponde aux intérêts et avantages des populations intéressées et qui soit une simple cause d'arrangements ou de compromis entre les ambitions d'Etats rivaux ;

4° Chaque nationalité bien définie devra voir ses aspirations réalisées dans toute la mesure possible et de manière à écarter toutes causes nouvelles ou anciennes de discorde et d'antagonisme, d'où résulteraient à l'avenir de nouveaux dangers pour la paix de l'Europe et du monde.

---

# MÉMORANDUM

## remis le 18 ianvier 1919 aux Hauts-Commissaires des Puissances Alliées et au Commissaires des Etats-Unis d'Amérique par le Comité Turc d'Adana

---

Les Soussignés,

Représentants du Comité constitué pour défendre les droits et intérêts de l'élément turc formant la majeure partie de la population du vilayet d'Adana (Cilicie), des arrondissements avoisinants d'Itch-Eli, d'Aïntab et des districts d'Alexandrette, de Beylan, d'Antioche et de Rihanié ont constaté, dès la conclusion de l'Armistice, la marche des troupes alliées, se trouvant en Syrie, vers ces parages, ainsi que l'occupation d'Alexandrette et de quelques autres points importants de la Cilicie. Ces faits, pouvant porter sérieusement atteinte à nos droits et intérêts, nous croyons devoir exposer ci-après notre manière de voir à cet égard.

On sait que le Gouvernement Ottoman avait demandé, au début, la conclusion d'une paix se basant sur les principes de M. Wilson, et, plus, tard, avait voulu conclure avec les Puissances Alliées sur les mêmes principes une paix séparée ; mais celles-ci ayant consenti à un armistice, les pourparlers ont eu lieu à cet effet. Au cours de ces négociations, notre Gouvernement dans les communications qu'il a faites au Parlement et à la presse, n'a pas manqué de déclarer que parmi les conditions exposées par les Plénipotentiaires des Puissances Alliées, il était stipulé qu'à l'instar des garnisons du Yémen, d'Assyr et du Hédjaz, celles de Cilicie se rendraient également au Commandant des troupes alliées le plus proche. En outre l'occupation par les troupes de l'Entente d'Aïntab, de Zeïtoun, de Sis et de Hadjid ayant été exigée, grâce aux démarches et objections des Plénipotentiaires Ottomans, ce projet avait été complètement abandonné et l'article de l'Acte de l'Armistice avait pris définitivement la forme suivante :

« Les garnisons se trouvant au Hedjaz, à Assyr, au « Yémen, en Syrie et en Mésopotamie, seront remises au « Commandant des Alliés le plus proche. Les troupes se « trouvant en Cilicie, à l'exception de celles qui sont né« cessaires pour le maintien de l'ordre, dans les conditions « prévues à l'article 5, seront retirées. »

Ce dernier article est ainsi conçu : « démobilisation im« médiate de l'armée turque, excepté des troupes néces« saires pour la surveillance et le maintien de l'ordre à l'in« térieur (le nombre et la disposition de ces effectifs seront « déterminés ultérieurement par les Alliés après délibéra« tion avec le Gouvernement à ce sujet) ». Il ne prévoyait pas non plus, comme l'article 16, ni l'évacuation de la Cilicie ni son occupation. Tout au contraire, le fait même d'abandonner l'idée d'occuper les quatre villes précitées, laissait supposer qu'aucun autre point en Cilicie et dans les arrondissements et districts environnants ne serait occupé et qu'aux termes de l'article 16 les troupes nécessaires à assurer l'ordre continueraient à y séjourner. Mais, dès la signature de l'Armistice, les troupes alliées, comme il a été cité plus haut, ont commencé à effectuer leur marche vers les territoires turcs sis au Nord et à l'Est de la ville d'Alep et immédiatement après des troupes furent débarquées à Alexandrette et aux environs. Finalement, malgré la teneur formelle des articles 16 et 5, des démarches péremptoires eurent lieu auprés de la Sublime Porte pour exiger le retrait complet des contingents ottomans et l'occupation des points les plus importants de la Cilicie a été accomplie.

Nous ne connaissons pas, à l'heure qu'il est, d'une manière précise, les causes et les raisons qui ont poussé les Puissances Alliées à procéder à l'occupation de la Cilicie. Pour ce motif, nous nous trouvons dans la nécessité de baser notre défense sur les rumeurs et bruits qui nous parviennent de différentes sources.

En premier lieu, l'occupation pourrait avoir lieu conformément à l'article 7 de l'acte de l'Armistice qui prévoit l'occupation de n'importe quel point stratégique dans le cas où il y aurait une situation qui menacerait la sécurité des Alliés. Si l'action militaire en Cilicie eut lieu dans ce but, nous n'avons aucune objection à soulever car elle affecte, à nos yeux, un caractère purement provisoire bien que par l'existence même de l'article 10 accordant aux Alliés la faculté d'occuper le système des tunnels du Taurus, une action en Cilicie paraisse superflue. De toute façon, nous attribuons à cet acte un caractère temporaire et nous sommes fondés à croire qu'il est dû, selon la teneur de l'article 7, à une nécessité militaire.

D'autre part, il ressort des informations de la presse locale et étrangère que les territoires ottomans au delà du Taurus jusqu'au golfe Persique seront détachés de l'Empire Ottoman et confiés à des autorités locales qui administreraient elles-mêmes ces pays. Si ce projet existe réellement, nous sommes amenés à croire que l'occupation de la Cilicie eut lieu dans un but politique et l'action militaire dépend des décisions à intervenir ultérieurement pour placer la population de cette contrée sous la domination d'un seul élément. A cet égard, nous développerons certaines considérations dignes d'attirer la plus sérieuse attention des Puissances Alliées.

Il est incontestable que l'élément turc forme la majeure partie de la population. Il ne pourra donc être placé sous la domination d'un gouvernement arabe dont la constitution serait projetée non plus qu'il ne pourrait être questitution serait projetée ni non plus il ne pourrait être question de la formation d'un gouvernement indépendant dans ces parages. Dans ce cas, parmi les rumeurs en circulation, celles qui paraissent être susceptibles d'application ne peuvent être que le projet de constituer en Cilicie un gouvernement arménien. Certains indices, tels que l'incorporation parmi les contingents français des volontaires arméniens et l'occupation de certaines localités par ces derniers laissent supposer que cette éventualité est envisagée par les Puissances Alliées. Il est pourtant à relever que les Arméniens forment dans cette contrée les 10 à 15 % de la population totale ainsi que le prouvent les deux statistiques officielles détaillées, annexées à ce document. D'ailleurs, l'enquête à laquelle les Puissances Alliées voudraient bien procéder sur place démontrerait que les Arméniens forment en Cilicie la minorité de la population. Nous devons aussi mentionner pour l'édification des Alliés, que, soit en Cilicie, soit dans les arrondissements et districts voisins, les 99 % des propriétés foncières et les 88 % des propriétés immobilières dans les villes se trouvent en possession des Turcs. Les lois en Turquie n'accordant aucun avantage à un élément quelconque pour la vente et l'achat des propriétés mobilières et immobilières, la possession par l'élément turc de toutes ces propriétés est une preuve de plus que les turcs sont en majorité dans cette contrée.

M. Wilson ayant défini la guerre actuelle comme une guerre de délivrance pour l'humanité et déclaré solennellement que chaque nation jouirait désormais de sa pleine et entière indépendance, nous avons le ferme espoir que ces principes ne seront pas différemment appliqués selon la religion et la race des peuples et que les droits de la nation turque seront respectés et sauvegardés. Du reste, les hommes d'Etat des pays alliés n'ayant cessé de déclarer, depuis quatre ans, que les principes de droit et de justice remplaceraient la force pourront-ils s'écarter facilement de ces principes quand il s'agira des Turcs ? Ne commettraient-ils pas la plus grande injustice en plaçant les habitants turcs de la Cilicie et des pays environnants qui en forment la majorité ethnique et qui possèdent la majorité des richesses sous la domination d'une infime minorité ?

Au moment où il est question de l'indépendance et du libre développement des nations, nous sommes en droit d'espérer que les hommes d'Etat appelés à remanier la carte du Monde et à définir les destinées futures des peuples n'admettront pas que le peuple turc possédant un grand passé historique soit condamné à vivre sur ses propres territoires sous le joug d'une minorité ?

Nous prenons la liberté de remettre le présent Mémorandum aux Hauts Commissaires des Puissances Alliées en notre ville, en les priant de vouloir bien le transmettre à leurs Gouvernements respectifs.

RIFAAT, Sénateur, originaire de Kara-Issali ; M. NABY, ancien Ministre des Affaires Etrangères, originaire de Kara-Issali ; ALI MUNIF, ancien Ministre des Travaux Publics, originaire d'Adana ; I. EVLIA, Président de Section à la Cour de Cassation, originaire de Marache ; SEIFEDDIN, Ministre Plénipotentiaire, originaire de Tarsous ; AVNI RIZA, Maire de Péra, originaire d'Adana ; ALI DJÉNANI, ancien Député, originaire d'Aïntab ; EMIN, ancien Député, originaire d'Itch-Eli ; ABDULKADER, ancien Député, originaire de Marache.

---

# MÉMOIRE

**remis par une délégation spéciale du vilayet d'Aïdin aux Hauts Commissaires des Grandes Puissances à Constantinople le 12 mars 1919 :**

« Nous soussignés, représentants du vilayet d'Aïdin et des départements de Mentéché et Carassi, déclarons au nom des quatre cinquièmes de la population de ces territoires de race, de langue et de sentiments turcs, que ce vilayet et ces départements forment par la densité de leurs populations et par leurs liens historiques, le centre national, l'âme de l'Empire Ottoman et de la patrie turque.

« Nous voyons avec regret que certaines petites nations ennemies de notre race voulant profiter de la situation si lamentable pour nous, cherchent à dominer sans aucun droit et sans raison aucune, cette race de plusieurs millions qui leur est étrangère à tous points de vue. Ce vilayet et ces départements qu'elles veulent occuper sont le joyau indispensable de nos possessions.

« Nous, Turcs, réclamons l'intégrité de nos droits séculaires et consacrés sur nos territoires qui, soumis à des réformes fondamentales garantissant les droits des minorités et maintenus à la mère-patrie, constituent le facteur indispensable pour la paix et la tranquillité dans le proche Orient.

« Nous prions les éminents délégués à la Conférence de la Paix de vouloir bien prendre la défense de nos droits nationaux si évidents, afin d'éviter le danger qui menace notre race et conséquemment la paix mondiale.

---

## MÉMOIRE

**remis télégraphiquement le 30 mai 1919, aux Hauts Commissaires des Puissances Alliées et Associées, par le Congrès représentant tout le vilayet d'Aïdin et réuni à Smyrne le 17 mars 1919**

« Nous soussignés, Maires, Muftis, Conseillers municipaux, Conseillers généraux, Délégués de toutes les classes de la population, de la presse et des institutions nationales turques des villes de Smyrne, Magnésie, Balikessir, Aïdin, Mougla et Dénizli ainsi que des Cazas composant le vilayet d'Aïdin et les Sandjaks de Karrassi et de Mentéché, réunis en date du 17 mars en congrès général, conformément à la volonté du peuple, vu l'évolution provoquée par la guerre générale en ce qui concerne les droits des nationalités, vu les principes nouveaux proclamés par les Grandes Puissances et destinés à assurer la paix et le bonheur de tous les peuples, vu également les prétentions contraires à cette évolution et à ces principes de certaines nations qui veulent profiter de la situation difficile du Gouvernement Ottoman, avons décidé à l'unanimité des voix d'exposer à la conscience universelle les vœux et décisions de la population Turque :

« 1° Le peuple Turc veut être convaincu que la politique suivie en Orient par les grandes nations victorieuses ne tend pas à son anéantissement et voudrait être rassuré à cet égard ;

« 2° Le relèvement matériel et moral du peuple Turc, qui forme un élément important en Orient, dépend uniquement de son intégrité territoriale et nationale et du maintien de sa capitale qui, depuis le quinzième siècle, constitue le centre intellectuel des Turcs et la base de cette intégrité ;

« 3° Quant au littoral ouest d'Anatolie, les représentants soussignés du vilayet d'Aïdin et des Sandjaks de Karassi et Mentéché considérant que les Turcs dominent toute cette contrée avec une *majorité écrasante de plus de quatre-vingts pour cent et possèdent la richesse foncière et immobilière dans une proportion de plus de quatre-vingt-quinze pour cent*, considérant qu'ils sont à peu près les seuls producteurs du pays alors que toutes les autres races s'occupent exclusivement de l'échange de nos produits contre ceux importés de l'étranger, considérant d'autre part que la masse compacte de la population turque dans ces régions forme pour ainsi dire un centre de gravité pour toute la nation et qu'un changement quelconque imposé de force paralysera l'effort national et placera les Turcs au point de vue économique, financier et commercial sous une servitude absolue, par ces motifs les représentants soussignés sont convaincus que la perte pour les Turcs des régions précitées aura pour résultat d'engendrer une lutte continuelle entre les races, cause de ruine pour toute la richesse naturelle du pays ;

« 4° Confiant en la justice des Grandes Puissances, le peuple turc garde le calme devant les dangers qui menacent son avenir, il est convaincu qu'il ne sera pas acculé par l'instinct de conservation à défendre soi-même ses droits ; le Congrès Général, en exposant les points de vue ci-dessus énumérés du peuple turc, prie Votre Excellence de bien vouloir les communiquer par dépêche à la Conférence de la Paix avant qu'une décision soit prise à son égard et vous présente par la même occasion l'expression de sa très haute considération. »

---

# RAPPORT

## de la Commission interalliée d'enquête sur l'occupation grecque de Smyrne et territoires adjacents (12 octobre 1919)

N° 1. — L'enquête a prouvé que, depuis l'armistice, la situation générale des chrétiens dans le vilayet d'Aïdin était satisfaisante. Leur sécurité n'était pas menacée.

Si l'ordre d'occupation de Smyrne a été donné par la Conférence de la Paix à la suite de renseignements inexacts, la responsabilité première des événements incombe aux individualités ou aux Gouvernements qui ont établi ou transmis sans les vérifier des renseignements de ce genre, tels que ceux dont il est parlé au N° 1 des points établis. (Le

Général-Représentant italien renouvelle à ce sujet les réserves qui sont insérées au procès-verbal de la 37e séance.)

N° 2. — La cause initiale des événements doit être recherchée dans les haines de religion. Les Grecs n'ont rien fait pour empêcher les manifestations. *Leur occupation, loin de se présenter comme l'exécution d'une mission civilisatrice, a pris immédiatement l'aspect d'une conquête et d'une croisade.*

N° 3. — La responsabilité des faits qui se sont passés à Smyrne les 15 et 16 mai, ainsi que dans les environs immédiats de la ville au cours des premières journées qui ont suivi ce débarquement incombe au commandement supérieur grec ainsi qu'à certains officiers qui ont manqué à leur devoir. Le Gouvernement grec a reconnu cette responsabilité par les sanctions qu'il a prises.

Une part de responsabilité incombe toutefois aux autorités turques de Smyrne, qui n'ont pris aucune mesure pour empêcher l'évasion et l'armement des prisonniers de droit commun avant l'arrivée des Grecs.

N° 4. — *Dans la personne de la Haute Autorité civile qui le représente à Smyrne, le Gouvernement hellénique est responsable des troubles graves qui ont ensanglanté la zone intérieure du pays pendant l'avance des troupes grecques, parce que :*

*a*) L'Amirauté susvisée ne s'est pas conformée aux instructions du Conseil Suprême données par le télégramme 7/20 mai, de M. Venizelos. Sans avoir demandé aucune autorisation au Représentant de l'Entente, elle a permis au Commandant militaire de donner le 10/23 Mai, l'ordre d'envoyer des troupes à Aïdin-Magnésie et Kassaba, en dehors des limites du Sandjak de Smyrne.

*b*) *La même Autorité a volontairement laissé les populations dans l'ignorance de l'étendue de l'occupation. Elle a ainsi contribué à augmenter la surexcitation des habitants musulmans et par suite les désordres.*

N° 5. — *La responsabilité des Autorités supérieures grecques est engagée par le fait qu'elles ont permis la circulation de civils armés dans le pays.*

Pour quelques-unes de leurs opérations militaires ou de police, elles ont même toléré l'emploi de ces civils armés en même temps que celui des troupes régulières.

N° 6. — La cause première des troubles qui se sont

produits dans la vallée du Méandre résulte de l'occupation même, faite sans justification.

Les faits regrettables qui ont accompagné la marche et l'établissement des troupes grecques sont la conséquence de l'état de guerre dans lequel s'est trouvé le pays dès que ces troupes ont avancé.

Les haines qui existent depuis des siècles entre Turcs et Grecs en ont incontestablement augmenté la fréquence et la sauvagerie.

Les Grecs ne sauraient, en toute justice, en être rendus seuls responsables.

Les mêmes considérations s'appliquent aux événements qui se sont déroulés dans les régions de Pergame et aux environs de Magnésie et d'Eudémiche.

N° 7. — *Les Grecs sont, au contraire, seuls responsables du massacre de Ménémen.* Ce massacre n'a pas été préparé. Mais le Commandant grec, connaissant l'état de surexcitation de ses troupes à la suite de l'affaire de Pergame, aurait dû et pu prendre des dispositions pour remettre en main des troupes auxquelles l'énervement, la fatigue et la peur ont fait commettre, sans provocation, un véritable massacre de civils turcs sans défense.

*Les officiers grecs présents à Ménémen ont complètement manqué à leurs devoirs.*

N° 8. — Bien que la situation actuelle soit meilleure, le calme n'est pas encore rétabli dans le vilayet d'Aïdin.

Presque toutes les transactions commerciales avec l'intérieur de l'Anatolie sont arrêtées.

Cette situation est incontestablement le résultat de l'occupation et de l'état de guerre qui persiste entre les irréguliers turcs et les troupes grecques, bien que celles-ci n'étendent plus leur zone d'occupation.

Les chefs du mouvement national turc, qui agissent de concert avec d'anciens chefs de bandes de brigands, n'ont pas toujours une autorité suffisante sur leurs forces, pour les empêcher de se livrer quelquefois à des incursions. Il en résulte qu'une part des responsabilités leur incombe en ce qui concerne la situation actuelle du pays.

Derrière leur responsabilité apparaît celle du gouvernement turc, qui, jusqu'à ce jour, n'avait aucune autorité sur les chefs du mouvement national.

*Les membres de la Commission :*

BRISTOL, BUNOUST, HARE, DALL'OLIO.

## Conclusions présentées par la Commission :

1. — La situation créée à Smyrne et dans le vilayet d'Aïdin par l'occupation est fausse, parce que :

*a*) L'occupation qui n'avait, en principe, pour but que le maintien de l'ordre, présente en réalité toutes les formes de l'annexion. Le Haut-Commissaire grec exerce seul une autorité efficace. Les Autorités turques qui sont restées en fonction n'ont plus aucun pouvoir. Elles ne reçoivent plus d'ordres de Constantinople et, par suite, de la disparition presque complète de la police et de la gendarmerie turques, elles n'ont plus les moyens nécessaires pour l'exécution de leurs décisions.

*b*) L'occupation impose à la Grèce des sacrifices militaires considérables hors de proportion avec la mission à remplir, si cette mission est temporaire et ne doit avoir pour but que le maintien de l'ordre.

*c*) *Elle est incompatible dans sa forme actuelle avec le retour de l'ordre et de la tranquillité dont les populations, menacées par la famine, ont grand besoin.*

2. — La Commission estime :

*a*) Que si l'occupation militaire du pays ne doit avoir pour but que le maintien de la sécurité et de l'ordre public, cette occupation ne doit pas être confiée à des troupes grecques, mais aux troupes Alliées, sous l'autorité du Commandement supérieur allié en Asie Mineure.

*b*) Que l'occupation par les Grecs, seuls, ne doit être maintenue que si la Conférence de la Paix est résolue à prononcer l'annexion complète et définitive du pays à la Grèce.

Dans ce cas, la liberté d'action devra être laissée au commandement grec vis-à-vis des forces turques.

*c*) Que l'annexion pure et simple envisagée ci-dessus serait contraire au principe proclamant le respect des nationalités car, dans la région occupée, en dehors de la ville même de Smyrne (1) et d'Aïvali, *la prédominance de l'élément turc sur l'élément grec est incontestable.*

*Il est du devoir de la Commission de faire remarquer que le sentiment national turc, qui a déjà manifesté sa résistance, n'acceptera pas cette annexion. Il ne cédera*

---

(1) Le nombre des Chrétiens habitant Smyrne est élevé, mais les Chrétiens Grecs sont beaucoup moins nombreux que les Turcs. Ni les autres Chrétiens ni les Juifs désirent l'annexion de Smyrne par les Grecs.

*qu'à la force c'est-à-dire devant une expédition militaire que la Grèce seule ne pourrait conduire avec quelque chance de succès.*

3. — Dans ces conditions la Commission propose les mesures suivantes :

*a*) *Faire relever le plus tôt possible, tout ou partie des troupes grecques par des troupes Alliées beaucoup moins nombreuses.*

*b*) Si, pour sauvegarder l'amour-propre grec, il est décidé qu'une partie des troupes grecques coopèrent à l'occupation, répartir ces troupes à l'intérieur de la région occupée pour leur éviter tout contact direct avec les forces nationales turques.

*c*) Dès que l'occupation par les Alliés sera réalisée, exiger du gouvernement turc la réorganisation de la gendarmerie sous la direction et le commandement d'officiers interalliés. Cette gendarmerie devra être mise le plus tôt possible en état d'assurer l'ordre dans toute la région et de remplacer dans ce but les détachements Alliés.

*d*) En même temps que la réorganisation de la gendarmerie, le gouvernement turc devra restaurer l'administration civile.

4. — Les chefs du mouvement national ayant affirmé à plusieurs reprises que leur opposition n'est dirigée que contre les Grecs, ces mesures doivent leur enlever tout motif de résistance armée et rendre au gouvernement central de Constantinople l'autorité qu'il n'a plus.

Rien ne devra plus empêcher le licenciement des troupes irrégulières.

Dans le cas contraire, l'Entente saura enfin le cas qu'elle peut faire des protestations de loyalisme faites par les Turcs, soit par les chefs du mouvement national, soit par les membres du gouvernement.

*Les Membres de la Commission :*

L'Amiral BRISTOL,
*Délégué des Etats-Unis d'Amérique*

Le Général BUNOUST,
*Délégué de la France*

Le Général HARE,
*Délégué de la Grande-Bretagne*

Le Général DALL'OLIO,
*Délégué de l'Italie*

# MÉMORANDUM

**remis le 17 Mars 1919, aux Hauts Commissaires des Puissances de l'Entente et des Etats-Unis d'Amérique, par la Ligue de l'Unité Nationale.**

---

La Ligue de l'Unité Nationale croit que de toutes les questions importantes qui font l'objet des délibérations de la Conférence de la paix, une des plus épineuses et des plus dignes d'intérêt, est, sans contredit, la question de l'Empire Ottoman.

Il est certain que la Paix et la tranquillité dans le proche Orient dépendront entièrement des résolutions sages, impartiales et équitables que le Congrès de la Paix adoptera à l'égard de la Turquie.

Or, la Nation Ottomane, qui sort meurtrie d'une guerre qu'elle n'a nullement désirée, ni préparée, espère fermement que les grandes puissances de l'Entente et des Etats-Unis d'Amérique ne refuseront point d'écouter toutes les parties en cause, de poser judicieusement le pour et le contre de toutes les réclamations des partis intéressés et de faire asseoir les bases du futur Traité de paix, sur des principes de justice si équitablement formulés par Monsieur le Président Wilson.

Les parties turques de l'Empire Ottoman auxquelles les principes wilsoniens garantissent une souveraineté et une sécurité pleines et entières, s'étendent depuis la Thrace dont une région a été attribuée à la Bulgarie en dépit des principes des nationalités jusqu'au Caucase au Nord, jusqu'à la frontière persane à l'Est, et jusqu'aux confins des vilayets de Bagdad et de Syrie au Sud.

Ces parties comprennent les vilayets de Brousse et d'Aïdin (Smyrne) où l'élément grec est en très petite minorité ainsi que les vilayets orientaux connus en Europe sous le nom de vilayets arméniens, bien que les Arméniens y soient partout en infime minorité.

Ce qui précède est établi d'une façon indubitable par les statistiques officielles ottomanes.

Il ressort clairement des cartes annexées au présent mémoire que les statistiques ottomanes sont sur ce point d'accord avec les statistiques étrangères.

D'ailleurs, si le moindre doute pouvait subsister à ce

sujet, une enquête internationale et un plébiscite établiraient que la création d'une grande Arménie dans les vilayets orientaux et en Cilicie et l'attribution à la Grèce de la Thrace et des vilayets de Brousse et Smyrne, sont absolument impossibles au point de vue du principe des nationalités. Une pareille décision ne servirait à rien moins qu'à créer une situation anormale au détriment de la grande majorité de la Nation.

Un tel état de choses en tout point contraire aux principes wilsoniens de février serait naturellement la cause de luttes intestines sans fin : car aujourd'hui, chaque peuple ayant conscience de son existence nationale ne consentira naturellement point à passer sous une souveraineté étrangère ou sous la domination d'une petite minorité.

Le maintien de la souveraineté ottomane, d'une façon pleine et entière, dans les parties turques de l'Empire est non seulement une solution juste et équitable mais c'est également une mesure de sécurité et de tranquillité dans ces régions.

Il va sans dire que tous les droits qui seront conférés aux minorités dans les autres pays devront l'être également aux nationalités se trouvant en minorité en Turquie, qui jouissent déjà depuis des siècles des privilèges des plus importants.

D'autre part, l'attribution à la République d'Arménie existant au Caucase d'une certaine portion de territoire pour les Arméniens qui désireraient s'y fixer pourrait également être envisagée, en tenant compte de leur nombre et des terrains qu'ils possèdent actuellement en Turquie.

Pour ce qui est des provinces arabes, la Ligue de l'Unité Nationale estime, qu'étant donné ses liens politiques, religieux, économiques et sociaux qui unissent fortement ces régions au reste de l'Empire, la seule solution rationnelle et durable qui pourrait être envisagée serait d'octroyer à ces provinces une large autonomie. La Ligue est persuadée que ce point de vue est celui de la majorité des habitants de ces provinces et que des difficultés et complications pouvant surgir à l'avenir seraient évitées de cette façon.

Pour terminer, la Ligue de l'Unité Nationale a recours aux sentiments humanitaires et impartiaux des Grandes Puissances de l'Entente et des Etats-Unis d'Amérique pour les prier de faire effectuer une enquête internationale au sujet des méfaits qui ont été commis lors des déportations des Arméniens et des irrégularités qui ont eu lieu à l'époque du transfert à l'intérieur des Grecs du littoral de la mer Egée.

Une telle enquête est nécessaire pour établir :

1° Que si la population arménienne a eu à souffrir de la part des Comitadjis turcs, lors des déportations décrétées par les Autorités militaires, la population musulmane n'a pas moins souffert de la part des bandes arméniennes, ainsi que le constatent les rapports officiels des Autorités militaires russes ;

2° Que la population turque est restée étrangère à ces crimes qu'elle a toujours désapprouvés et dont les auteurs sont aujourd'hui poursuivis par-devant la justice ;

3° Que la conscience publique réclame que les Comitadjis arméniens qui, après avoir commis tant de crimes, se promènent librement au Caucase ou ailleurs soient également punis ;

4° Que les bruits des massacres des Grecs du Littoral de la mer Egée et de la Thrace, bruits absolument infondés, n'ont été mis en circulation que pour soulever des revendications territoriales illégitimes sur des contrées où l'élément grec a toujours été en petite minorité, à tel point que le Gouvernement hellénique avait consenti officiellement, à la suite de la guerre balkanique, à faire l'échange de cette minorité avec les Musulmans de la Macédoine qui, persécutés par les Turquie.

La Ligue croit aussi devoir soumettre ici une question Autorités helléniques, émigraient par centaines de mille en qui a soulevé une émotion immense, non seulement chez les Turcs, mais aussi dans le monde islamique entier. Il s'agit d'une nouvelle lancée par quelques agences sur le sort de Constantinople. Nous espérons fermement que cette information est dénuée de tout fondement. Arracher à la Turquie sa seule capitale possible, siège du Khalifat depuis cinq siècles ; prendre à la nation les tombes de ses ancêtres ; ses mosquées et tous les établissements d'utilité publique d'une ville dont les habitants sont en grande majorité Turcs, serait, non seulement une injustice flagrante contre les principes des nationalités, mais encore contre les principes les plus élémentaires de l'humanité.

La Ligue de l'Unité Nationale ne sollicite que la justice. Une enquête approfondie de toutes ces questions et l'application des principes wilsoniens, conformément aux résultats de cette enquête.

Ce désir, dont la légitimité est incontestable, sera certainement entendu par les peuples qui ont combattu pour un idéal de justice, et pour procurer à l'humanité une ère d'équité et de prospérité, en écartant toute cause de conflit contre les nations.

*Le Président,*
Ahmed Riza.

---

# NOTE CIRCULAIRE

**de la Sublime-Porte aux Hauts-Commissaires Alliés en date du 6 janvier 1920, au sujet des nouvelles réformes à introduire dans l'Empire**

---

Au moment où les Puissances alliées vont établir les bases de la paix à conclure avec la Turquie, le Gouvernement Impérial croit devoir exposer ci-après certaines considérations que je prie Votre Excellence de vouloir bien soumettre à l'appréciation de la Conférence de Paris.

Nous avons le ferme espoir que les Gouvernements des Grandes Puissances européennes ainsi que les Etats-Unis d'Amérique voudront bien les examiner avec une bienveillante attention.

Le Gouvernement ottoman est parfaitement conscient de la pénible situation où se trouve placée la Turquie à la suite de la guerre ; mais il estime que les revers d'une guerre ne pouvant atteindre un peuple dans le droit de son existence politique, ce droit étant établi par les principes de justice et d'humanité qui ont été d'ailleurs confirmés par les déclarations solennelles de M. le président Wilson et admis comme base de la paix générale par toutes les Puissances belligérantes. C'est en conformité de ces principes qu'une Convention d'armistice a été conclue entre les Puissances Alliées et la Turquie.

Eu égard à l'esprit qui a présidé à la conclusion de cet Armistice, il demeure acquis que le traité à conclure devra assurer un règne d'ordre et de tranquillité en Orient.

Toute solution de nature à porter atteinte à l'unité ottomane loin d'assurer le calme et la prospérité, créerait en Orient un foyer de perturbations sans fin. En conséquence, l'unique moyen d'y établir un nouvel état de choses stable est le maintien de la souveraineté ottomane.

Il serait juste de reconnaître aussi à cette occasion que si les réformes que la Turquie a essayé d'introduire à diverses reprises n'ont pas donné les résultats qu'elle s'était proposé d'atteindre, ceci est dû à une suite de circonstances d'ordre extérieur et intérieur.

Pénétrée de la nécessité urgente qu'il y a à mettre fin à une situation intenable et dans son sincère et vif désir de moderniser son administration de façon à inaugurer une ère de prospérité et de progrès en Orient, la Sublime Porte a fermement décidé d'adopter, dans un esprit des plus larges, une nouvelle organisation comprenant des réformes judiciaires, financières et policières et assurant les droits des minorités.

En vue de garantir la pleine et entière application de ces réformes, le Gouvernement ottoman se déclare prêt à accepter le concours d'une des grandes Puissances dans des conditions qui ne porteraient pas atteinte à son indépendance ni ne blesseraient l'amour-propre national.

---

## ADRESSE

### présentée par la Chambre Ottomane aux Parlements de l'Entente en date du 24 Février 1920

---

MONSIEUR LE PRÉSIDENT,

Au moment où la Conférence de la Paix s'occupe activement de préparer la paix à conclure avec notre Pays et où des nouvelles de source privée, peu précises et quelquefois contradictoires, arrivent seules pour donner à l'opinion publique ottomane un faible reflet des délibérations en cours, mes collègues à la Chambre m'ont chargé, Monsieur le Président, de faire parvenir aux Représentants de votre Grande Nation, par l'entremise de leur vénéré président, le pacte national contenant les revendications ottomanes que tous les députés se sont engagés à soutenir de toutes leurs forces.

Ainsi que Vous et vos honorables Collègues voudront bien le constater, dans leurs sentiments d'équité et d'humanité, ces revendications sont des plus modérées et ne contiennent absolument rien qui soit contraire aux principes de justice que les Grandes Puissances Alliées et Associées ont décidé d'appliquer à l'égard de tous les peuples, même vaincus.

En effet, les demandes de la Nation ottomane, formulées par ses Représentants, tendent uniquement à s'assurer une vie digne et paisible dans son patrimoine national où elle a toujours vécu libre et indépendante depuis plus de mille ans sous la dysnastie des Seldjoucides et celle d'Osman.

Les droits que la Nation ottomane réclame et qu'elle considère comme une question de vie et de mort peuvent se résumer ainsi : intégrité territoriale et ethnique, libre développement au point de vue politique, économique et autres et sécurité de sa capitale.

Ces droits qui ont été reconnus jusqu'ici à tous les peuples et qui, en toute justice, ne sauraient être refusés à la Nation ottomane ne se concilient nullement avec certaines nouvelles répandues par les agences télégraphiques : zones d'influence, occupation militaire des détroits, etc.

En effet, quelle serait la position de la Capitale ottomane si des troupes étrangères occupaient en temps de paix les deux détroits des Dardanelles et du Bosphore, c'est-à-dire les faubourgs mêmes de Constantinople.

Poser la question, c'est la résoudre. Mais puisqu'il s'agit d'assurer l'ouverture perpétuelle des Détroits au commerce de tous les pays, en temps de guerre — comme en temps de paix — ce que nous acceptons volontiers, — il y a plusieurs moyens d'arriver à ce but sans créer aux Turcs une situation intenable dans leur Capitale.

Telles sont, Monsieur le Président, quelques-unes des réflexions que je crois devoir soumettre à la haute et bienveillante appréciation de Messieurs les Représentants de votre Nation et je me permets d'ajouter que toute la Nation ottomane est fermement convaincue que jamais les dirigeants des Grandes Nations Alliées ou Associées ni les élus de votre peuple ne songeront à méconnaître les droits indéniables des Ottomans solennellement reconnus d'ailleurs par les principes wilsonniens et les déclarations des Grands hommes d'État et à les pousser au désespoir.

En exprimant l'espoir, Monsieur le Président, que Vous et vos honorables Collègues voudront bien réserver un accueil sympathique et bienveillant à cette adresse des Représentants du peuple ottoman, dont j'ai l'honneur d'être l'interprète, je saisis cette occasion pour Vous présenter l'assurance de ma très haute considération.

*Le Président de la Chambre Ottomane.*

## LE PACTE NATIONAL

Les Députés du Parlement Ottoman ayant approuvé et signé le Pacte National, dont nous donnons ci-dessous la copie, déclarent les principes qui y sont énoncés comme renfermant en eux le maximum de sacrifices possibles auxquels la Nation Ottomane pourra consentir en vue de s'assurer une paix juste et durable.

ART. 1. — Le sort des territoires de l'Empire Ottoman exclusivement peuplés par des majorités Arabes, et se trouvant, lors de la conclusion de l'armistice du 30 octobre 1918, sous l'occupation des armées ennemies, doit être réglé selon la volonté librement exprimée par les populations locales.

Les parties de l'Empire situées en deçà et au delà de la ligne d'armistice et habitées par une majorité musulmano-ottomane dont les éléments constitutifs, unis par des liens religieux et culturels et mus par un même idéal, sont animés d'un respect réciproque pour leurs droits ethniques et leurs conditions sociales, forment un tout qui ne souffre, sous quelque prétexte que ce soit, aucune dissociation ni de fait ni de droit.

ART. 2. — Quant au sort des trois Sandjaks de Kars, Erdehan et Batoum, dont la population avait dès sa libération, affirmé, par un vote solennel, sa volonté de faire retour à la mère patrie, les membres signataires du présent Pacte admettent qu'au besoin, il soit procédé à un second plébiscite librement effectué.

ART. 3. — Le statut juridique de la Thrace occidentale, dont le règlement avait été subordonné à la paix turque, doit se baser sur la volonté de sa population librement exprimée.

Art. 4. — La sécurité de Constantinople, capitale de l'Empire et siège du Khalifat et du Gouvernement Ottoman, ainsi que celle de la mer de Marmara, doivent être à l'abri de toute atteinte.

Ce principe, une fois posé et admis, les soussignés sont prêts à souscrire à toute décision qui sera prise d'un commun accord par le Gouvernement Impérial, d'une part, et les Puissances intéressées, de l'autre, en vue d'assurer l'ouverture des Détroits au commerce mondial et aux communications internationales.

Art. 5. — Les droits des minorités seront confirmés par nous sur la même base que ceux établis au profit des minorités dans d'autres pays par les conventions *ad hoc* conclues entre les Puissances de l'Entente, leurs adversaires et certains de leurs associés.

D'autre part, nous avons la ferme conviction que les minorités musulmanes des pays avoisinants, jouiront des mêmes garanties en ce qui concerne leurs droits.

Art. 6. — En vue d'assurer notre développement national et économique et dans le but de doter le pays d'une administration régulière plus moderne, les signataires du présent Pacte considèrent la jouissance d'une indépendance entière et d'une liberté complète d'action comme condition *sine qua non* de l'existence nationale.

En conséquence, nous nous opposons à toute restriction juridique ou financière de nature à entraver notre développement national.

Les conditions de règlement des obligations qui nous seront imposées ne doivent pas être en contradiction avec ces principes.

*Constantinople, le* 28 *janvier* 1920.

## MA VOIX S'ÉLÈVE VERS LA FRANCE

Par une note adressée aux Hauts Commissaires des Puissances de l'Entente à Constantinople, la Sublime Porte a communiqué son intention formelle de réaliser des réformes effectives et s'est déclarée prête à faire appel au concours d'une des Grandes Puissances dans des conditions qui ne porteraient pas atteinte à son indépendance ni ne blesseraient l'amour-propre national.

Je suis intimement convaincu que l'aide, pour un délai déterminé, d'une Puissance soit alliée, soit neutre, comme la Belgique ou la Suisse, nous est indispensable pour réorganiser notre pays, et il est nécessaire que ce concours nous soit prêté par une seule Puissance afin de réaliser l'unité de direction qui assurerait la cohésion, l'accord et la complète harmonie dans les réformes.

Les Puissances Alliées qui ont de multiples intérêts en Orient désirent certainement la réorganisation fondamentale de la Turquie afin d'être à l'abri de soucis futurs ; aussi avaient-elles, dès le début de l'armistice, formé le projet de confier cette mission aux Etats-Unis d'Amérique, mais le Cabinet de Washington a cru devoir décliner cette proposition.

Dans ce choix, il ne s'agit pas d'opter pour n'importe quelle grande Puissance, mais pour celle qui est le plus apte et le mieux préparé à remplir d'une façon désintéressée les conditions exigées pour nous aider à nous régénérer. Or, une des principales conditions serait d'agir avec un esprit d'affectueuse collaboration et le sincère désir de contribuer au libre développement politique et économique de la nation ottomane, condition essentielle de son entière indépendance.

La France de la Grande Révolution, qui avait si glorieusement déclaré les Droits de l'homme et ses dignes successeurs qui ont hautement manifesté leur désintéressement dans la guerre mondiale, me semblent tout indiqués pour accomplir cette tâche humanitaire — non pas sous forme de mandat, mais comme assistante d'une Turquie indépendante.

Sans méconnaître la part respective des autres grandes Puissances alliées dans la civilisation mondiale, j'estime que le rôle traditionnel de grand réformateur en Turquie doit continuer à échoir avec un bien plus ample développement à ce noble et grand pays. Nombreux sont d'ailleurs les Ottomans qui partagent mes idées et souhaitent loyalement cette collaboration, et cela pour les motifs suivants :

Les relations de nos deux peuples sont intimement liées depuis de longs siècles : la France a, de tout temps, trouvé une sincère sympathie dans le cœur de mes compatriotes qui considèrent le français comme leur langue intellectuelle dont l'enseignement est obligatoire dans nos écoles, nos lycés et nos universités ; la plupart, si ce n'est la généralité de nos ouvrages scolaires et littéraires sont traduits, adaptés ou inspirés du français ; certaines de nos administrations l'emploient aussi au même titre que la langue turque. Les lois, codes et règlements en vigueur dans l'Empire sont calqués sur ceux qui sont en usage en France. Bref, notre système administratif et l'ensemble de nos institutions s'inspirent des principes de droit public ou privé français. De telle sorte que, dans l'accomplissement du rôle que nous lui demandons, la France pourra immédiatement entrer en action sans qu'il soit besoin pour elle d'une période préalable d'études et d'adaptation.

La France continuera ainsi à remplir en Turquie son rôle traditionnel d'éducatrice. La véritable grandeur de la France en Orient a toujours été, non pas dans la guerre, mais dans son rôle pacifique de semeuse d'idées libérales.

L'Angleterre ne consentira pas, dira-t-on, à ce que la France seule aille prêter son concours aux Turcs, cependant l'Angleterre par le traité de Chypre s'était donnée à elle seule cette tâche sans tenir compte de la France.

L'essentiel, c'est de reconnaître l'indépendance de l'Empire Ottoman.

Il est inutile, tellement la question est connue, que je cite une plus longue série de rapprochements démontrant combien la France est plus préparée que les autres Etats pour nous faire bénéficier de sa civilisation. Notre renaissance confiée à ce guide sûr faciliterait de beaucoup la tâche commune aux deux nations. Cela n'empêcherait pas, en cas de nécessité, d'accord avec la Sublime Porte, de faire appel à des spécialistes appartenant à d'autres nationalités sur la proposition du Gouvernement français.

Pour arriver à ce résultat, il faudrait d'urgence, appeler le Gouvernement Ottoman à signer la paix. L'armistice qui traîne en longueur depuis des mois, loin d'apaiser les des mois, loin d'apaiser les esprits, ne fait que les envenimer. Cette incertitude qui plane sombrement sur la Turquie doit donc être dissipée afin que l'ère nouvelle de calme et de tranquillité nous procure la stabilité et l'ordre indispensable à l'application des réformes et à la reprise de la vie économique.

Si, par malheur, le désespoir venait à s'emparer de mon pays, je crains fort que les bons sentiments que l'on y nourrit à l'égard de la France ne s'évanouissent à la longue; la République compte un grand nombre de Musulmans dans son sein pour ne pas tenir à ménager l'amour-propre et les légitimes susceptibilités de l'Islam et à prouver sa bienveillance au peuple turc qui lui gardera une reconnaissance éternelle.

AHMED RIZA.

---

## LETTRE

### à Monsieur WILSON, Président des Etats-Unis d'Amerique en date du 8 mars 1920

MONSIEUR LE PRÉSIDENT,

Je suis sûr que la grande nation américaine a pris part à la guerre mondiale, non pour la victoire de l'Angleterre et de la France, mais pour le triomphe final du droit et de la justice.

Or, une grande injustice est sur le point de se commettre à l'égard du peuple turc ; votre loyalisme ne permettra jamais l'accomplissement d'un pareil acte d'iniquité.

Mes compatriotes ont manifesté bien avant la conclusion de l'armistice, le désir d'entrer en pourparlers de paix sur le programme et les discours de Votre Excellence. Ils fondent encore aujourd'hui toutes leurs espérances sur la réalisation complète de vos quatorze points, notamment sur l'application du paragraphe XII, relatif à la Turquie. C'est un point d'honneur pour l'Amérique tout entière que le maintien intégral des promesses solenelles de son illustre Président.

Le principe sacré des nationalités et le droit des peuples en Thrace et en Anatolie turques seront entièrement respectés, grâce à l'esprit de justice et d'équité dont Votre Excellence est animé.

L'indépendance, le développement politique, judiciaire et financier de la Turquie devront être également garantis pour créer une ère de calme et de tranquillité en Orient.

Votre Excellence, qui a si noblement proclamé ces grands principes, voudra certainement contribuer à l'achèvement de l'œuvre salutaire qui apportera à ma patrie une paix de justice et de bonheur, et il serait fâcheux que l'application de ces nobles principes soit entravée par une propagande religieuse basée sur des allégations erronées.

Je soumets ci-après, à la haute appréciation de Votre Excellence, la copie d'une note remise à M. l'Ambassadeur des Etats-Unis à Paris, et dans laquelle j'énumère les vœux chers à toute la nation turque.

Veuillez agréer, etc.

Ahmed Riza.

## NOTE

### à l'Ambassadeur des États-Unis d'Amérique à Paris (6 mars 1920)

Excellence,

La Sublime Porte avait fait porter à la connaissance du Gouvernement américain, avant la conclusion de l'armistice, par l'intermédiaire du Cabinet de Madrid, qu'elle était prête à entamer des pourparlers de paix sur la base du programme tracé par le Président des Etats-Unis d'Amérique dans son message du 8 janvier 1918 et dans ses manifestations ultérieures, notamment dans le discours du 27 septembre 1918.

Les Ottomans fondaient tous leurs espoirs en la réalisation intégrale des quatorze points énoncés par M. Wilson ; ils comptaient particulièrement sur l'application essentielle du paragraphe XII, qui visait leur pays.

Le droit des peuples à disposer d'eux-mêmes, hautement proclamé par le Président des Etats-Unis d'Amérique, accorde à mes compatriotes qui sont en majorité en Thrace et en Anatolie, la faculté d'être libres de leur sort et maîtres de leur destinée.

Par conséquent, les contrées purement turques, de Konia, Adana, Adalia, Smyrne et Andrinople, occupées temporairement par les troupes Alliées devront rester turques. Il serait contraire à tout esprit d'équité de convertir ces provinces en zones de mandat, ce qui reviendrait en somme à l'établissement d'un protectorat déguisé.

En outre, le placement de Smyrne sous l'administration grecque accumulerait à l'horizon des germes d'hostilité future. Notre grand débouché méditerranéen ne peut appartenir qu'à la nation turque, qui constitue l'immense majorité dans l'intérieur de l'Anatolie. Il serait insensé de le confier à des mains étrangères et usurpatrices.

Il en est de même pour la ville et le vilayet d'Andrinople où la race turque est en grande majorité, comme le prouve du reste la note ci-jointe (1). Le maintien au seuil de l'Empire de la seconde capitale des Osmanlis est de la plus grande nécessité : Constantinople rendue ville ouverte par la neutralisation des détroits ne peut être défendue sans ce boulevard avancé que forme Andrinople.

Quant à nos provinces limitrophes du Caucase, il est tout à fait impossible d'en détacher de vastes territoires en faveur du gouvernement arménien nouvellement formé sur les débris de l'Empire Russe.

Certes, nous souhaitons le bonheur, la prospérité et la liberté de la nation arménienne, mais nous ne pouvons tolérer la mise d'une majorité turque sous la tutelle d'une petite minorité arménienne, ce qui serait d'ailleurs en flagrante opposition avec le principe des nationalités et le point de vue wilsonien.

A ce propos, j'attire l'attention de Votre Excellence sur les cruautés imputées aux Turcs contre les Arméniens. Certainement, des faits regrettables se sont déroulés. Est-il possible cependant de condamner des gens sans les entendre ni les juger.

Afin de mettre la lumière sur ces événements, il faudrait sans perdre de temps désigner une mission, composée d'enquêteurs neutres qui procéderait sur place à la recherche de la vérité, en recueillant tous les témoignages utiles.

L'enquête interalliée menée à Smyrne sur les prétendues atrocités turques a prouvé de quel côté se trouvaient les vrais coupables. Les auteurs de ces forfaits ont été démasqués au grand jour. Il serait, à l'heure actuelle, de toute importance d'apporter la clarté sur la soi-disant monstruosité dont on accable le peuple turc envers les Arméniens.

Si vous voulez bien vous rappeler aussi les résultats de la grande et impartiale enquête menée à l'instigation de

---

(1) Voir plus loin l'annexe à la Note circulaire adressée le 14 avril 1920 aux Délégués des Grandes Puissances à la Conférence de la Paix au sujet de la Thrace.

votre illustre compatriote Carnegie (1) après les guerres balkaniques et dont les conclusions ont été nettement favorables aux Turcs, vous serez alors sans doute amené à partager cette conviction profonde qu'une enquête menée dans les mêmes conditions d'impartialité sur les événements arméniens aurait des conséquences heureuses pour l'appréciation exacte et judiciable de la vérité.

La formation de la Paix est une tâche sacrée ; si l'on veut l'entreprendre impartialement, il faut, en se basant sur le droit des peuples, procéder à des consultations populaires dans toutes les régions contestées.

Les Turcs, d'ailleurs forts de ce droit, réclament eux-mêmes le plébiscite.

Avant de terminer, je crois devoir informer Son Excellence que la Ligue d'Unité Nationale dont j'étais président avait remis à l'arrivée de la Mission Américaine à Constantinople deux mémoires, en date d'Août 1919, dans lesquels la nation Turque développait librement ses vœux et ses désirs sur la modalité du concours que les Etats-Unis d'Amérique nous aurait apporté.

Veuillez agréer, etc. AHMED RIZA.

---

# LA SITUATION EN TURQUIE D'ASIE

**d'après une correspondance de Constantinople (Avril 1920)**

« L'horrible massacre » de Cilicie dont parlent les journaux anglais se réduit en réalité à des pertes humaines survenues au cours de combats provoqués par de fâcheux événements extérieurs.

La Sublime Porte et les habitants de Constantinople ne peuvent, en aucune façon, en être tenus pour responsables. Au contraire, à différentes reprises, le Gouvernement ottoman n'a pas manqué d'attirer la sérieuse attention du Conseil Suprême des Alliés sur les conséquences funestes

(1) Les lecteurs peuvent consulter le chapitre III et les documents relatifs au chapitre II du rapport présenté aux directeurs de la Dotation Carnegie par les membres de la Commission d'Enquête dans les Balkans, pour se faire une idée sur les actes de cruauté qu'ont subis les musulmans durant la guerre balkanique. Celui qui se donnera la peine de parcourir ces tristes pages se rendra facilement compte du degré d'authenticité des accusations dont on accable injustement et, de propos délibéré, les Turcs.

que le retard apporté à la conclusion définitive de la paix occasionnerait en Orient.

Au moment où l'on s'attend à la signature de la paix, on se propose, en Orient, de recommencer la guerre ; la Grèce offre 50 à 80.000 soldats pour participer à la reprise éventuelle des hostilités.

C'est ainsi que la terrible guerre qui vient de plonger toute l'humanité dans les souffrances les plus cruelles, qui a fauché par millions des vies humaines, et qui a causé partout des ravages et des dévastations, est sur le point de renaître en Orient, à l'instigation de la diplomatie grecque dont le but évident est de satisfaire ses ambitions et ses convoitises politiques. On excite donc le monde à un nouveau carnage, à de nouvelles horreurs !

Après la signature de l'armistice et pendant de longs mois, la population turque de l'Empire tout entier a vécu, dans l'attente de la paix, calme, patiente, résignée. La tranquillité régnait partout. Il a fallu l'occupation de Smyrne par les Grecs pour réveiller la colère des Turcs.

L'armée nationale, qui n'existait pas encore, s'est alors formée dans la seule intention défensive et pour faire face à l'envahisseur.

Néanmoins, cette armée n'a jamais franchi les lignes tracées par le traité d'armistice.

Comme si l'effervescence déjà provoquée ne suffisait pas, on a procédé à l'occupation de Marache et d'Aïntab, pays exclusivement turcs. Toutes ces excitations, qui devaient exaspérer facilement les Musulmans, proviennent, comme on peut s'en rendre compte, de l'extérieur.

Le massacre en question a eu lieu dans une zone de surveillance étrangère où l'autorité de la Sublime Porte est amoindrie et même annulée. On y avait même remplacé le gouverneur Turc par un gouverneur Arménien. On a tiré sur un muezzin et déchiré le drapeau Ottoman.

Il est connu de tous que l'armée française chargée de rétablir l'ordre en Cilicie était précédée dans sa marche sur Marache par une légion composée d'Arméniens.

Cette légion assaillante fut attaquée par des nomades Kurdes, Turcs et Arabes, venus de l'intérieur pour défendre leur sol natal et leurs foyers, elle dut battre en retraite, et subit, de ce chef, des pertes sensibles.

Dans sa poursuite, il y a eu également des morts de

froid et d'inanition. Voilà les massacres dont on parle. Si regrettables que soient ces morts au point de vue humanitaire, on ne peut en tous cas les comparer à des actes de tueries délibérées et provoquées par des passions politiques ou religieuses. Il y a eu plus de morts parmi les Musulmans que parmi les Arméniens. Tous les quartiers musulmans ont été bombardés et dévastés.

D'ailleurs, lord Curzon, abordant la question arménienne à la Chambre des Communes ne croit pas que les Arméniens courent de danger, et d'autre part, il reconnaît que ces derniers, au cours de ces récentes semaines, ne se sont pas toujours comportés avec douceur, ainsi que certains se l'imaginent ; en réalité ils se sont livrés à toute une série d'attaques où ils se sont montrés d'une grande férocité. Il présume aussi qu'ils ont été poussés par de grandes provocations. Ajoutons que l'armée nationale est restée jusqu'ici insensible, dans un sentiment de prudence politique très louable, aux appels des Musulmans assaillis, les exhortant au calme, à la patience et à la résignation. Mais lui sera-t-il toujours possible de garder cette héroïque impassibilité ?

Il est déplorable que les massacres se renouvellent systématiquement chaque fois que l'intégrité territoriale de l'Empire ottoman est mise en jeu par les ambitions de grandes ou de petites Puissances.

Il est même douloureux que nos compatriotes arméniens soient exposés et deviennent les victimes de mortels dangers pour l'exécution des desseins inavouables d'expansion politique et économique.

C'est au Gouvernement ottoman à se plaindre des désordres provoqués par des étrangers venus chez nous sous prétexte d'y rétablir l'ordre.

Il serait juste de déléguer sur les lieux une mission pour y effectuer une enquête équitable et impartiale afin de rétablir les faits.

Dans ces tristes événements, il ne peut être question ni de Jeunes-Turcs, ni de nationalisme ottoman, ni d'effervescence de l'Islam. Il n'y a là que des pays injustement envahis qui se défendent légitimement.

L'enquête nous éclairera sur les prétendus crimes dont on blesse la conscience du peuple Turc.

Il serait injuste de chercher à se faire une opinion avant les conclusions qui ne tarderont pas à être connues. Le peuple turc a perdu la guerre, mais son amour-propre est intact, ainsi que sa dignité nationale. Dans l'intérêt de la paix, il serait imprudent d'y toucher.

## NOTE RESPONSIVE

### de la Sublime-Porte aux Hauts Commissaires Alliés au sujet de l'occupation de Constantinople en date du 17 mars 1920

J'ai eu l'honneur de recevoir, avec son annexe, la note collective que V. Exc. a bien voulu m'adresser, conjointement avec ses collègues de ..... et de ....., en date du 16 mars, pour m'informer qu'à partir de cette date, à dix heures, la ville de Constantinople serait placée sous l'occupation militaire des Puissances alliées.

Je me permets, à ce propos, de relever que rien, dans la situation à Constantinople, n'est de nature à menacer la sécurité des Alliés. Il ne s'y est produit aucun désordre et rien ne pouvait faire présumer l'éventualité d'une perturbation. D'ailleurs, les puissances alliées disposaient de forces suffisantes pour parer à toute éventualité.

Dans ces conditions, le Gouvernement Impérial ne s'explique pas la nécessité d'une telle mesure et croit de son devoir de protester contre cette atteinte à ses droits les plus essentiels.

Quant au mouvement en Asie Mineure, V. Excellence n'ignore pas que la cause principale qui y a donné naissance est l'occupation absolument injustifiée du Vilayet d'Aïdin par les troupes helléniques et les horreurs et atrocités inouïes qui y ont été commises par celles-ci de connivence avec les grecs indigènes.

La crainte et la surexcitation causées par les bruits persistants mis alors en circulation relativement à la création d'une grande Arménie et d'un Etat grec du Pont, ainsi que d'autres rumeurs et publications alarmantes, ont contribué à l'extension de ce mouvement sur une plus grande étendue de l'Asie Mineure.

Le Gouvernement Impérial a été étranger à ce mouvement qui a échappé d'autant plus facilement à son contrôle que son autorité a été considérablement amoindrie du fait de la longue durée de l'armistice et des conditions dans lesquelles il a été appliqué.

Il ne peut que désapprouver et désavouer les excès qui ont pu être commis par des dirigeants ou adeptes du mouvement dont il s'agit.

A cette occasion, la Sublime Porte tient à déclarer une nouvelle fois que depuis l'armistice, des massacres n'ont eu lieu nulle part en Asie Mineure.

Quant aux événements de Marache, elle en a déjà expliqué les causes. Il ne s'agissait là que de collisions entre des Musulmans et des détachements arméniens armés, collisions auxquelles ces derniers ont eux-mêmes donné lieu. La Sublime Porte regrette que d'aucuns aient voulu représenter ces collisions comme un massacre d'Arméniens. Elle a déjà demandé aux Hauts Commissariats l'ouverture d'une enquête mixte sur ces événements et ne peut que persister dans cette demande.

Votre Excellence ajoute dans la note précitée qu'en cas de renouvellement de semblables événements ou d'excès analogues, les conditions envisagées pour la paix avec la Turquie deviendraient plus rigoureuses et que les concessions déjà faites seraient retirées.

Je me plais à exprimer l'espoir que des faits de nature à troubler la sécurité dans le pays ne se produiront pas. Je suis convaincu, d'autre part, que les Puissances alliées voudront bien reconnaître qu'il ne serait pas juste de faire retomber sur la nation ottomane entière les conséquences des gestes ou paroles irréfléchies de quelques personnes et de faire dépendre son sort d'incidents fortuits indépendants de sa volonté. Je ne doute pas que le Conseil Suprême allié ne s'inspire, dans ses décisions à l'égard de la Turquie, de considérations et de sentiments d'un ordre plus élevé.

Veuillez agréer, etc.

---

# LETTRE DE PROTESTATION

## adressée par le premier Vice-Président de la Chambre Ottomane aux Présidents des Chambres des Députés des Puissances Alliées et Neutres (19 mars 1920)[1]

MONSIEUR LE PRÉSIDENT,

La Chambre des Députés Ottomane, dans sa séance du 18 mars 1920, m'a chargé de transmettre à votre Excellence un exemplaire du procès-verbal officiel *in-extenso* des débats de la dite séance, accompagné de la traduction en français de la partie contenant le texte de la protestation votée à l'unanimité à la suite de la violation du Parlement Ottoman par les forces d'occupation militaire des Puissances étrangères.

En accomplissant ce devoir, je vous prie d'agréer, etc...

*Le Premier Vice-Président,*
HUSSEIN KIAZIM.

---

## PROCÈS-VERBAL OFFICIEL

*voté à l'unanimité par les Députés Turcs à la séance du 18 mars 1920 de la Chambre Ottomane*

RIZA NOUR BEY (Sinope). — Messieurs, nous vivons des moments historiques. Jamais plus grand malheur ne s'est abattu sur cet empire, sur cette nation ! La capitale ottomane, siège du Khalifat musulman, se trouve aujourd'hui transférée sous la domination armée des Puissances étrangères. Rien n'existe qui motivât ce nouvel état de choses. Le Parlement ottoman fut vidé. Nos camarades les députés Réouf, Vassif, Faïk et Chéref Beys et Nouman Effendi furent arrêtés de force dans le palais même du Parlement sur l'ordre du commandement du corps d'occupation militaire. Cela est tout à fait contraire au droit constitutionnel et au droit international.

Comme il n'est pas possible qu'un Parlement, qui ne

---

(1) Le Président menacé de poursuites par les autorités britanniques étant absent du Palais Législatif, le Vice-Président a signé la présente lettre.

jouit pas de la totalité de sa liberté de conscience et d'opinion puisse prendre une décision, nous protestons contre cette atteinte portée à l'immunité des représentants de la nation ottomane.

Nous exprimons le souhait que cette protestation soit portée à la connaissance des Parlements du monde entier, spécialement à celle du Parlement britannique qui est à juste titre considéré comme la Mère de tous les autres, et des Parlements français et italien, lesquels furent, plusieurs fois, la scène d'événements historiques, plus ou moins similaires.

C'est tout ce que nous pouvons faire aujourd'hui pour remplir le devoir national qui nous incombe. Telles sont les raisons qui motivent la proposition formant l'objet de la motion que nous présentons.

Comme un document national, nous la confions, cette motion, à l'histoire !

LE PRÉSIDENT. — Je vous prie de donner lecture de la motion.

« D'après l'article VII de la Constitution Ottomane, les traités de paix ou de commerce, d'annexion ou de cession de territoire, et les traités concernant les droits essentiels et le statut personnel des ressortissants ottomans ou occasionnant des dépenses à l'Etat, doivent être soumis à l'approbation du Parlement. »

Attendre que ces événemens extraordinaires se soient produits dans la capitale de l'Empire, siège du Khalifat musulman et que les privilèges d'immunités reconnus aux représentants nationaux dans tout pays civilisé soient abolis, le Parlement Ottoman, qui a été réuni pour remplir un douloureux devoir à la suite de la guerre générale qui s'est terminée dans des conditions très déplorables pour notre pays, ne voit pas comment pourrait s'accorder l'exercice du mandat de député avec les exigences de la situation actuelle.

Nous proposons donc la remise des séances publiques, en attendant qu'une situation favorable se produise, permettant l'exercice de ce mandat avec toute la liberté de conscience et d'opinion requise.

LE PRÉSIDENT. — Tout le monde s'est-il bien rendu compte du contenu de la motion ?

— Oui ! Oui ! Aux voix !

Sélaheddin Bey (Stamboul). — Il y a unanimité !.....

Le Président. — Oui, la remise des séances publiques est adoptée à l'unanimité.

## Pourquoi cette Protestation ?

J'ai reçu de Constantinople copie de la protestation votée à l'unanimité au cours de la séance du 18 mars 1920 par les députés ottomans et adressée officiellement aux Parlements alliés et neutres.

Je partage entièrement le sentiment de mes compatriotes et, en ma qualité d'ancien président du Parlement et de sénateur actuel de l'Empire ottoman, je m'associe à leur manifestation et à leur indignation.

Il est contraire à tous les droits et principes parlementaires universellement établis et aux dispositions légales en vigueur qui consacrent l'inviolabilité et l'immunité des membres du Corps législatif, de procéder à l'arrestation des représentants de la nation dans l'exercice de leurs fonctions. A plus forte raison, l'intervention armée de l'étranger dans notre Chambre constitue-t-elle un acte inadmissible et incompréhensible.

Cette ingérence arbitraire, surtout de la part de l'Angleterre, considérée comme la fondatrice du régime parlementaire, restera la honte de la civilisation anglaise.

En pénétrant par la force dans le Palais pour y appréhender sans raison des députés, pacifiquement réunis, les militaires britanniques ont également violé d'une façon flagrante les termes de l'Armistice. Si le traité réservait éventuellement aux Alliés le droit d'occuper militairement certaines positions stratégiques dans l'Empire, il n'autorisait nullement une intervention dans les affaires intérieures turques, intervention qui eût porté atteinte à l'autorié de la Sublime Porte et à la souveraineté du peuple ottoman.

A la suite de l'arrestation illégale de plusieurs de ses membres, la Chambre s'est ajournée *sine die*, en signe de protestation, et jusqu'à ce que les députés aient la possibilité de remplir leur mandat en toute liberté et sécurité. Puis, à l'instigation anglo-grecque combinée déjà à Londres, la Chambre fut dissoute.

Une note communiquée à la presse prétend que certains députés auraient été élus sous la pression nationaliste et que la non-participation des éléments chrétiens aux élections rendait la session illégale.

Les Israélites de l'Empire ont pourtant pris part, comme citoyens ottomans, aux élections législatives et il serait intéressant de leur demander ce qu'ils pensent de l'abstention des Grecs et des Arméniens et le jugement qu'ils portent à leur égard.

Il est à remarquer aussi que ces éléments se sont abstenus spontanément de participer aux élections, et que, depuis l'armistice, aucun représentant des communautés chrétiennes ne s'est présenté officiellement aux cérémonies du Palais Impérial? Les forces nationalistes ne sont donc pour rien dans cette conduite, je pense!

Ce n'est pas, non plus, la faute des nationalistes si les autorités françaises de Cilicie ont, de leur côté, empêché arbitrairement les habitants de cette région de procéder à l'élection législative, privant ainsi le peuple de ses droits les plus sacrés? Un tel abus de la force est également opposé aux termes de la convention d'armistice.

La reconnaissance du mandat des nouveaux élus par la totalité de leurs collègues, l'ouverture officielle du Parlement par le discours du Trône, les souhaits et salutations du Sultan aux députés ont prouvé que l'assemblée ainsi constituée représentait légalement les vœux de la nation et avait l'approbation du souverain.

D'ailleurs, ce sont là des questions d'ordre strictement intérieur où les intérêts directs des Alliés ne sont nullement en jeu et dans lesquelles l'étranger n'a pas à s'immiscer.

Toutes ces arrestations iniques et ces mesures abusives ont pour but d'étouffer la voix du peuple, car les élus représentent la volonté nationale et doivent, de par la constitution (art. 7), connaître tous les accords et conventions qui peuvent lier le pays.

En ces heures solennelles, il apparaît donc comme d'élémentaire justice que les députés ottomans aient la possibilité de débattre les stipulations fondamentales du traité de paix projeté qui décidera du sort futur de la Patrie.

Qui examinera aujourd'hui ce traité de paix et qui l'acceptera, les représentants de la nation n'existant plus?

Quelle valeur accordera-t-on à un traité proposé secrètement à huis clos et conclu ainsi? Comment la signature des membres du gouvernement pourra-t-elle être considérée comme liant le peuple, puisque le nouveau Ministère, qui ne représente pas la Nation Ottomane, n'a pas encore obtenu, en l'absence de la Chambre, le vote de confiance régulier et, par conséquent, ne peut être connu comme légalement constitué.

On a maintes fois proclamé que, seuls, les peuples avaient le droit de disposer librement d'eux-mêmes, qu'il leur appartenait, et non à leurs gouvernements, de décider de leur avenir.

Et ce droit, qui a été reconnu, affirmé et définitivement garanti peut-il être refusé au seul peuple ottoman?

Quoiqu'il arrive, la nation seule est maîtresse de ses destinées. Si, dans une circonstance aussi grave où son existence même est menacée, elle n'avait pas la faculté et la liberté de défendre sa propre cause et son droit par la voix pacifique de ses représentants élus, elle apparaîtrait, au regard de l'humanité entière, comme la victime d'une injustice dont l'histoire éclairera un jour les responsabilités.

Paris, avril 1920. AHMED RIZA.

---

# LETTRE DE CONSTANTINOPLE

## sur l'occupation Anglaise (mars 1920)

L'occupation de Constantinople, qui a été décidée sous prétexte d'assurer l'exécution des clauses futures du Traité, eut lieu le 16 mars dernier.

Durant la journée nécessaire à l'accomplissement de cette opération militaire, tous les moyens de transports, de locomotions et de communications ont été provisoirement interrompus. Les postes et télégraphes, les téléphones, les postes de police et certains édifices publics ont été occupés par les Anglais. Ces derniers ont été tellement sévères et durs qu'ils n'ont même pas permis la libre circulation à des personnes qui se trouvaient dans l'impérieuse obligation de faire appel aux soins de médecins.

On a procédé à l'arrestation illicite et brutale, avec le consentement du gouvernement français, de différents pernages honorés et estimés de toute la nation et de l'armée, qui n'ont jamais manqué de manifester leurs bons sentiments et leur sympathie à la France.

On les accuse d'avoir entretenu des relations avec l'armée nationale. Au contraire, on aurait dû les en féliciter, car leur intervention ne pouvait avoir qu'un caractère et qu'une suite favorables.

Parmi les personnes arrêtées pendant la nuit, on mentionne Djémal, Djevad et Mahmoud Pachas, tous trois anciens ministres, qui ont été insultés et conduits en chemise de nuit, les mains liées. Les agents de la force anglaise pénétrèrent dans leurs domiciles en brisant portes et fenêtres, et menacèrent de leurs armes leurs femmes musulmanes dans le harem.

Nous ne pouvons concevoir comment les membres du Parlement peuvent être consignés, surtout par les Anglais qui sont les fondateurs du régime parlementaire. A titre d'exemple, nous citerons le cas du député Djelal Noury Bey qui n'est ni nationaliste, ni unioniste et qui a été appréhendé seulement parce qu'il était ennemi de la politique de Férid Pacha.

D'autre part, la situation économique de la ville de Constantinople devient de plus en plus critique et intenable. Les troupes alliées réquisitionnent et consomment tous les produits du sol et les aliments de première nécessité, tels que : lait, œufs, légumes verts, fruits, bétail, poisson, etc., etc... Si l'on veut y ajouter les nombreux étrangers et réfugiés russes, on pourrait facilement se rendre compte de la gravité de la crise alimentaire. Il est même à craindre que la population ne soit privée de la nourriture la plus élémentaire.

Le gouvernement britannique souhaiterait cette famine uniquement dans l'intention de contraindre les Turcs aux douleurs de la faim, afin de les amener à accepter par force les conditions désastreuses du traité qu'on veut leur imposer d'une façon inavouable.

Il faut signaler également que la censure anglaise qui bâillonne la presse de langue turque, supprime la reproduction d'articles favorables à la cause de l'Empire Ottoman, publiés par les journaux français de Paris.

Voilà bientôt plus d'un an que l'on tergiverse et que l'on prolonge d'un jour à l'autre la signature de la paix, ce qui ne fait qu'accroître le malaise et aggraver la misère à Constantinople.

Le gouvernement britannique continue son ingérence arbitraire jusqu'à vouloir forcer la Sublime Porte à désavouer formellement l'armée nationale et cela pour gagner davantage à sa cause les Indiens mahométans, en leur faisant voir que le Sultan blâme personnellement le mouvement national, et que le Cabinet de Londres ne fait que maintenir et fortifier l'autorité du Khalife dans tout l'Empire. L'Angleterre désire obtenir du Padischah ce désaveu solennel, pour l'utiliser comme un argument dans le cas où les Musulmans de l'Inde manifesteraient leur mécontentement au sujet de l'attitude hostile des Anglais contre l'armée nationale. Mais tôt ou tard, les Indiens et le Monde Musulman sauront la vérité.

Les Anglais ont proposé au Cabinet Ottoman de retirer ses troupes à trois kilomètres à l'arrière de la région de Smyrne. Cette mesure était de nature à livrer aux Grecs la vie, les biens et l'honneur des habitants musulmans. Le Gouvernement du Sultan n'a pu aquiescer à cette demande en face des conclusions présentées par la Commission d'enquête internationale à la Conférence de la Paix.

Le Gouvernement anglais exigea là-dessus que le Cabinet Ali-Riza Pacha désapprouve officiellement le mouvement national. Le ministère refusa cette dure proposition et donna sa démission.

Les vrais et irréductibles ennemis des Turcs profitent très habilement de l'impossibilité matérielle dans laquelle la Turquie se trouve de se défendre, et du régime de la censure britannique qui interdit l'insertion d'articles en faveur des Turcs, pour répandre dans le monde entier des informations fausses et mensongères sur tout ce qui se rapporte à l'Empire ottoman comme les massacres arméniens, les atrocités grecques, etc... et cherchent par ces moyens sans scrupules, matière propre à réaliser leurs desseins politiques. Or, si l'on disposait de voies utiles pour apporter la lumière sur ces événements douloureux, on constaterait que partout les victimes sont en grande partie des Musulmans et non pas des chrétiens.

Devant l'évidence et l'authenticité des faits, *Le Times*, qui n'est pas suspect de turcophilie, n'a pu garder le silence et étouffer complètement la vérité.

Nous lisons, ainsi, dans son numéro du 19 mars 1920, les lignes suivantes, qui montrent suffisamment les agissements iniques et inhumains des Arméniens à l'égard des populations mahométanes du Caucase :

« Les preuves fournies par les autorités tartares à M. Wardrop, Haut-Commissaire Britannique en Transcaucasie, et aux Représentants Américains de la Conférence de la Paix, établissent que les Arméniens paraissent avoir adopté des méthodes inhumaines envers leurs voisins musulmans de ces territoires. Le Premier Ministre Tartare a signalé, en décembre dernier qu'après que les troupes d'*Azerbaïdjan* eurent évacué les territoires contestés, en conformité de l'accord signé à Tiflis sous les auspices des Alliés, le 23 novembre 1919, les troupes régulières arméniennes, avec de l'artillerie, entrèrent dans le district de Zanzezour et massacrèrent en masse les habitants musulmans. Le gouverneur tartare de *Makhitchevan,* de son côté, a fourni un récit détaillé des événements qui se sont produits dans ledit district, tels que : saisie de bétail appartenant aux Tartares, arrestations des plaignants, meurtres des Musulmans achevés à la baïonnette, et mauvais traitements envers les femmes et les enfants jetés dans les flammes. »

Nous estimons de notre devoir de nous adresser encore une fois au jugement impartial du Monde civilisé, au sujet des prétendus massacres pour qu'une enquête soit menée, afin d'établir la vérité sur la culpabilité des Turcs.

Nous ne doutons nullement que le résultat ne nous soit favorable et qu'il soit en même temps de nature à éclairer sous son véritable jour la malveillance des calomniateurs professionnels qui exploitent l'Occident chrétien contre l'Orient musulman.

Quant aux Grecs de l'Empire, pendant la guerre, ils se sont ouvertement livrés à toutes espèces de manœuvres antipatriotiques. Par contre, c'est la Grèce qui a un long et pénible compte à rendre aujourd'hui à l'humanité sur la trahison des grecs de l'Empire et le sort cruel infligé aux centaines de mille malheureux musulmans en Thrace, en Epire et en Macédoine, par suite d'un régime de haine et d'oppression. Même M. Vénizelos a reconnu l'inanité des aspirations hellènes sur Smyrne et la Thrace, en 1914, dans l'accord concernant l'échange des populations musulmanes de Macédoine avec les Grecs de Thrace et de Smyrne.

La conduite inqualifiable et injuste des Grecs de Smyrne depuis leur occupation est aujourd'hui clairement et officiellement démontrée ; le rapport de la Commission interalliée d'enquête, publié plus haut, a largement mis en évidence de quel côté se trouvaient les vrais coupables.

D'après une liste officielle en notre possession, les Grecs, même en Albanie, ont brûlé et ravagé cent quatre-vingt et un villages, dont les infortunés paysans ont été tués ou mis en fuite.

Il est superflu de s'étendre derechef sur les crimes des Bulgares après la guerre balkanique contre les Turcs de Roumélie; la grande enquête Carnegie a prouvé toute la responsabilité qui incombait aux Bulgares et aux Grecs.

Il est déplorable d'oublier intentionnellement toutes les cruautés commises par les Arméniens, les Grecs et les Bulgares envers les Musulmans, chaque fois qu'il s'agit de faire allusion aux massacres imputés aux Turcs.

Dans les sphères politiques et nationales ottomanes, on regrette infiniment que la France et l'Italie soient involontairement engagées dans le sillon tracé par la politique du Cabinet anglais qui pourrait leur faire perdre, à la première, son prestige moral en Orient et son influence dans le monde Islamique, et à la deuxième, qui aspire à se créer une nouvelle politique amicale et basée sur de bons rapports économiques en Turquie, tout son crédit récemment acquis dans le Levant.

Pour que la paix soit juste et durable et les conditions exécutables, il est nécessaire qu'elles soient connues, discutées et acceptées par le peuple, dont le Parlement représente la volonté. Ainsi il est de principe essentiel du Régime Constitutionnel que la Chambre possède la liberté la plus complète, seule la nation est maîtresse de ses destinées.

Or la Chambre n'est pas libre, depuis l'occupation de la Capitale par les Anglais. Quelques députés étant arrêtés et d'autres poursuivis, le Parlement, en guise de protestation, ne tient plus ses séances plénières.

## NOUVEAUX DÉTAILS SUR L'OCCUPATION ANGLAISE

Un détachement composé de 50 soldats anglais est arrivé en automobile hier matin, vers dix heures, devant le local servant de logement aux soldats détachés près du quartier de la dixième division à Chehzadé-Bachi, et, tout d'abord, a attaqué le soldat turc qui y montait la garde. Aux cris d'alarme poussés par ce factionnaire, le caporal de service étant accouru auprès de lui, a été blessé à coups de revolver par l'officier qui commandait le détachement. Les soldats britanniques sont entrés ensuite dans le dortoir et se sont mis à faire feu sur les soldats qui étaient encore au lit. Peu après, un certain nombre de soldats hindous y sont venus à leur tour et ont pris part à la fusillade. Des soldats ottomans ainsi attaqués, trois ont été tués et sept blessés. Aucun des soldats turcs précités n'a riposté à ces attaques. Tandis que cet incident se déroulait dans le dortoir, une quinzaine de soldats anglais se rendirent à la chambre des soldats appartenant au corps de Musique. Après les avoir fait aligner dans le corridor, l'officier anglais, malgré que le sergent lui ait déclaré qu'ils étaient de simples soldats musiciens et qu'ils n'eussent en effet aucune arme et aucune velléité de résistance, a ordonné à ses soldats de faire feu sur eux. A la suite de ce fait, il y a eu trois soldats musiciens tués et deux blessés. Quant aux autres, ils ont pu échapper à la mort soit en se couchant par terre, soit en prenant la fuite.

D'autre part, le lieutenant Naïl effendi, commandant du quartier, les secrétaires Arslan et Békir Zéki effendis, qui se trouvaient couchés à l'étage supérieur, furent conduits sous escorte à la bâtisse de l'ancien commandement de la gendarmerie, sise en face de la mosquée du Sultan Béyazid. Les armes qui ont été enlevées aux soldats ottomans furent également transportées et consignées à ladite bâtisse. Des Anglais ont encore pénétré dans une école située à Sarradj Bachi ; l'ayant prise pour le domicile de : Hamdullah Subhi bey, député d'Adalia. Ils ont battu et arrêté le directeur.

Un autre groupe, après avoir fracturé la porte de sa demeure, a pénétré chez le D^r Essand Pacha, oculiste très renommé, professeur à la Faculté de Médecine et président du Congrès national ; et, après avoir battu jusqu'à évanouissement Essad pacha, sa femme et sa fille qui venait de se lever de ses couches, ont emmené le Pacha, son gendre et son jeune fils.

Le général Saïd Pacha, commandant de la place de Constantinople, fut également mis en état d'arrestation.

Ils sont arrivés à 8 h. 30 à la Chambre des Députés pour arrêter Hussein Reouf et Vassif, beys. Ceux-ci leur ont signifié qu'ils ne se livreraient que moyennant la remise, à la Présidence de la Chambre, d'un mandat d'arrêt certifiant qu'ils ont été arrêtés dans le bâtiment des députés et au nom du gouvernement anglais, et, qu'au contraire, la force ne les fléchirait pas, lors même que toute la flotte britannique viendrait bombarder et démolir la Chambre des Députés. Enfin, après deux heures de pourparlers, le mandat demandé ayant été présenté, Vassif et Reouf Beys se sont rendus.

Les arrêtés ont été conduits au port, puis à bord d'un bateau. Comme lit, ils ont eu des planches posées sur des tonneaux pleins d'eau.

Le Palais du Prince Héritier a été cerné pendant trois jours. Le prince Tewfik Effendi et son épouse ont été enfermés pendant quarante-huit heures, puis libérés...

## Les Anglais à la Tour d'Incendie de Bayezid

Un détachement anglais a occupé du 16 mars, 10 heures, au 17 mars, soir, la Tour d'incendie de Bayzid.

Après le départ des Anglais, il a été constaté que le drapeau de soie réservé au Souverain avait été mis en pièces et que la plus grande partie de l'étoffe avait disparu. Deux autres drapeaux ottomans avaient été lacérés et le matériel à signaux détruit. Une longue-vue, les casques des sapeurs-pompiers, une montre de contrôle et la literie des gardiens de la Tour avaient été emportés.

## Ils réquisitionnent à Scutari

Le 21 mars 1920, les Britanniques ont réquisitionné à Scutari les bâtiments abritant les tribunaux de paix et de première instance, les bureaux du juge d'instruction, la gendarmerie et les services municipaux, ainsi que la prison arrêtant ainsi le fonctionnement de la presque totalité des services publics. Les tribunaux, ne pouvant tenir leurs assises ailleurs que dans des locaux spécialement aménagés à cet effet, ne pourront, dans ces conditions, remplir leurs fonctions. D'autre part, la prison, qui est une maison de détention modèle, abritait le surplus des détenus des prisons de Stamboul, qui sont bondées, ce qui fait que ces détenus devront réintégrer les prisons de Stamboul, où leur présence avait été jugée nuisible au point de vue sanitaire par les autorités interalliées elles-mêmes.

**Les Grecs les imitent à Derkos et terrorisent la population**

Un bataillon hellénique a été cantonné à Hadem-Keuy et a détaché une compagnie à Derkos, où elle a occupé les installations de la Compagnie des Eaux.

Ce bataillon a amené avec lui huit civils grecs qui ont été rejoints ensuite par une trentaine d'autres et qui ont formé des bandes de brigands qui terrorisent la population rurale de la région de Hadem-Keuy. Une de ces bandes a attaqué le 19 Mars, sur la route de Constantinople, le propriétaire d'une ferme, Youssouf Bey, en compagnie d'un de ses gardes ruraux. Le premier réussit à s'échapper, mais le garde fut tué.

---

# NOTE CIRCULAIRE

## aux Délégués des cinq Grandes Puissances à la Conférence de la Paix, en date du 15 janvier 1920

EXCELLENCE,

Au moment où la Conférence de la Paix va statuer définitivement sur le sort de la Turquie et avant que la Conférence ne se trouve liée par un arrêté quelconque, je me permets de présenter à votre Excellence les quelques observations ci-après, dans le seul but de contribuer à l'œuvre pacifique entreprise en Orient par la préparation et l'achèvement d'une paix durable, basée sur une justice égale et impartiale pour tous.

Je n'ai aucune qualité pour pénétrer dans les détails et ne veux aucunement entraver les vues générales de mon gouvernement.

C'est en simple patriote que je me prononcerai, et en patriote se plaçant sur le terrain purement moral, juste et humanitaire.

Les Turcs, qui défendent héroïquement leur patrie depuis la guerre des Balkans, ont le cœur plein d'angoisse et d'amertume : l'inquiétude actuelle et l'incertitude du lendemain les poussent à craindre que leur indépendance et leur religion ne se trouvent aujourd'hui sous la menace d'un danger imminent.

Cette situation mérite d'attirer la sérieuse attention de la Conférence de la Paix pour qu'elle y mette fin.

La négliger en présence d'un Orient en pleine fermentation où des peuples sont en genèse d'une ère nouvelle, s'obstiner à juger les événements et les solutions à travers l'idée préconçue de préjugés anciens ou d'intérêts personnels : — ce serait affronter délibérément le pire désastre moral et matériel.

La question turque, mal envisagée ou traitée avec un sentiment de haine ou de vengeance, peut créer de nouveaux conflits internationaux, et par conséquent, troubler la paix mondiale.

Les Puissances Alliées ont solennellement déclaré qu'elles étaient désintéressées dans cette guerre, qu'elles avaient fait une guerre de libération, non de domination, qu'elles respecteraient et appliqueraient les véritables principes larges et démocratiques de droit et de justice, notamment le droit des peuples à se gouverner eux-mêmes ; qu'elles veilleraient enfin à ce que le Traité de Paix soit compatible avec les quatorze points qui furent la base de l'armistice.

La Justice et la Civilisation exigent que ces déclarations soient strictement exécutées.

La Conférence, pour être logique et agir en conséquence, doit tout d'abord exiger l'évacuation des contrées occupées militairement par les Puissances en Turquie.

Privée notamment de la Cilicie, de Konia et de Smyrne — ses plus riches territoires — la Turquie serait complètement étouffée et ne pourrait faire face à ses charges et à ses dettes.

Or, la Conférence, engagée par les nobles principes de haute justice qu'elle n'a cessé de proclamer, ne peut priver un peuple, qui se trouve à l'heure présente dans une profonde détresse, des moyens de vivre, de se relever et de se développer librement.

Les Puissances qui ont déclaré avoir combattu pour sauver les libertés du monde ne peuvent, sans se démentir, enlever aux millions de Turcs qui existent en Etat libre depuis six siècles et demi, l'indépendance à laquelle ils ont droit aussi bien que les Bulgares, les Grecs et les Roumains.

De même, dans le même ordre d'idées, la Conférence ne peut tolérer toute convention qui tiendrait à dépouiller le peuple Ottoman de ses ressources économiques et minières.

Quant à la question de Constantinople et du transfert de Sa Majesté le Sultan en Asie, la Conférence de la Paix, qui a pour haute mission de faire et d'assurer la paix, ne devrait même pas envisager un sujet de discorde aussi brûlant et contraire à toute idée pacifique.

Rien, en effet, n'est plus funeste et plus dangereux que de porter ainsi atteinte à des droits acquis, à des traditions plusieurs fois séculaires de vie religieuse, familiale, politique, économique ; ce serait s'exposer fatalement aux pires bouleversements.

Si la ville de Constantinople est l'objet des convoitises de certaines Puissances, l'attribuer à l'une ou à plusieurs d'entre elles de préférence à d'autres, on n'en ferait qu'une pomme de discorde.

Et pourquoi les Turcs, qui en sont les propriétaires héréditaires et incontestés, devraient-ils pour cette cause en être bannis ?

A quelles conséquences entraînerait une telle règle, si elle était généralisée ?

La sécurité des Détroits prétextée à ce propos n'a aucun rapport direct avec la ville.

Cette sécurité peut être réglée et assurée d'accord avec le gouvernement Ottoman, sous la surveillance d'une Commission internationale qui siègerait aux entrées des Détroits.

Cette Commission internationale donnerait à toutes les Puissances, sans exception, tous les apaisements désirables.

Dépasser ces limites et soumettre la Sublime Porte et la ville de Constantinople à un contrôle étranger, ce serait donner naissance à une situation désespérée, exactement la même que celle qui en résulterait si on voulait imposer une paix de violence appuyée par des mesures militaires.

Le projet de transférer la capitale de la Turquie à Konia ou ailleurs, en obligeant son gouvernement à s'installer sous des tentes ou des baraques primitives, serait synonyme de vouloir dégrader et mépriser le prestige et la dignité du gouvernement musulman.

Aucune des provinces d'Anatolie n'est en état de servir de siège à une Puissance moderne.

Priver les Turcs de leur capitale où les outils et les éléments qui forment la base des progrès sont accumulés depuis des siècles, c'est vouloir les séparer de leur passé, c'est briser leurs liens de continuité, c'est porter ainsi un coup mortel à la civilisation islamique.

Les Turcs, ainsi dépourvus de ports et de communications avec les mers, seront économiquement étranglés et assujettis, ce qui équivaudrait à une domination déguisée paralysant l'activité et l'existence nationales.

Mais en outre, pour les Musulmans du monde entier, quelles que soient leur race et leur nationalité, Constantinople est connu comme le siège du Khalifat.

Les sentiments de tradition, très développés chez eux, ne sauraient accepter que ce siège soit transféré ailleurs, au mépris d'un patrimoine religieux conservé depuis bientôt cinq cents ans.

Constantinople n'est pas une ville militairement conquise par les Puissances alliées ; celles-ci n'y sont entrées qu'après l'armistice et même contrairement à l'esprit du Traité d'armistice.

Le renvoi du Gouvernement Ottoman de Constantinople aurait donc un retentissement très considérable et très fâcheux dans tout le monde Islamique et amènerait une révolte dans la conscience de tous les Musulmans, qui seraient amenés à croire que les Puissances alliées, en supprimant un des grands Etats islamiques le plus anciennement constitué, veulent enlever graduellement à tous les autres états mahométans leur souveraineté et leur indépendance.

A quels dangers s'exposeraient certaines Puissances alliées si une telle pensée venait à naître et à grandir dans le monde Islamique.

L'idée de laisser le Khalife à Constantinople et de refouler seulement le Gouvernement Ottoman en Anatolie est pareillement irréalisable.

Un Khalife qui ne posséderait pas à la fois le pouvoir temporel et le pouvoir spirituel, qui ne serait pas libre et indépendant dans l'exercice de ces deux attributions, ne sera jamais considéré par les croyants comme un véritable Khalife.

C'est encore pour ce motif que l'administration d'une ville, siège du Khalife, ne peut être mise sous le contrôle d'une Puissance Etrangère. Un Khalife contrôlé, ou même protégé, n'est pas un Khalife.

Constantinople où la très grande majorité de la population est musulmane ; Constantinople où se trouvent les tombeaux vénérés des saints et des hommes célèbres musulmans, où sont religieusement gardées les reliques, notamment le manteau et l'étendard du Prophète, est considéré aux yeux des mahométans du globe, comme l'unique capitale morale de l'Islam.

Les monuments historiques de cette ville, les fondations pieuses, etc... sont des œuvres exécutées non seulement par les Turcs, mais aussi par les Arabes, les Albanais, les Kurdes, les Africains du Nord, etc... C'est donc la propriété, le dépôt de tous les Musulmans, sorte de bien moral, dont la sauvegarde et la conservation entre les mains des Turcs, leurs coreligionnaires, les intéressent jusque dans leurs fibres les plus profondes.

Y toucher serait, au point de vue de la justice, un crime ; au point de vue politique, plus qu'un crime, une faute.

Les Musulmans (Arabes, Indiens, etc...) qui ont versé si vaillamment leur sang à côté des Alliés, avec l'espoir de sauvegarder le salut du genre humain, seront les premiers à ne pas comprendre et à ne pas tolérer qu'une des premières conséquences de leurs sacrifices, soit que le salut de leur propre religion fut mis en danger par ces mêmes Alliés.

Je m'abstiens pour le moment de toute critique prématurée et désire ardemment que la paix ne comporte pas de conditions qui, malgré la meilleure volonté des hommes, ne puissent être tenues ni exécutées.

Je souhaite donc une paix qui soit possible et non une paix irréalisable.

Il ne faut pas que la paix et la tranquillité de l'Orient soient troublées par une politique erronée.

Constantinople doit être maintenue comme capitale de l'Empire Ottoman: Sa Majesté le Sultan avec son gouvernement doivent y rester tout en conservant leur entière autorité et leur complète indépendance.

La réorganisation de l'Empire ottoman — que tout patriote désire — principalement celle des Finances, et de la

Gendarmerie, qui aura entre autres cette mission spéciale de garantir les droits des minorités, sera assurée avec le concours de spécialistes étrangers, choisis librement par le gouvernement du Sultan.

Le peuple ne souffrirait pas que son devoir, dont il a pleine conscience, lui soit imposé par des étrangers qui auraient intérêt à le maintenir sous leur tutelle.

La nation serait profondément et fâcheusement humiliée de se voir traiter d'une manière inférieure aux autres nations, Bulgares ou autres, qui sont maîtres chez eux et qui ne subissent pas les conséquences serviles des capitulations.

J'ai l'honneur de prier Votre Excellence d'agir dans ce sens auprès de ses Honorables Collègues de la Haute-Assemblée, et d'agréer, etc. Ahmed RIZA.

## NOTE CIRCULAIRE

### aux Délégués des cinq Grandes Puissances à la Conférence de la Paix, en date du 19 avril 1920

EXCELLENCE,

Le 15 janvier, j'ai eu l'honneur de vous soumettre mes vues au sujet de la paix avec la Turquie : je me permets d'y attirer encore une fois votre bienveillante attention, dans l'unique souci d'assurer la tranquillité en Orient.

Les Turcs, à la veille de la réunion de la Conférence de San-Rémo, nourrissent l'espoir que les Puissances Alliées, qui ont le plus grand intérêt à l'établissement d'une paix durable en Turquie, ne prendront certainement pas des décisions de nature à froisser la dignité nationale, le prestige du Khalife, la souveraineté du Sultan et ils conservent en même temps la confiance que les principes des droits des peuples, qui ont été la base de tous les engagements du Conseil suprême, seront respectés afin d'éviter au monde musulman les revanches de la Justice et du Droit.

Les Etats alliés et associés ont solennellement déclaré qu'ils étaient désintéressés dans la guerre générale : et ils ont proclamé qu'ils se sont engagés dans le conflit uniquement pour la défense de la Justice et de la Liberté des Peuples.

La nation ottomane qui sort meurtrie d'une guerre qu'elle n'a nullement désirée ni préparée attend de ces états civilisés la preuve palpable de leur loyalisme et de leur désintéressement. Liés par ces nobles principes d'équité, ils ne peuvent priver une nation, qui se trouve à l'heure présente en détresse, de ses droits légitimes, de ses moyens de vivre et de son libre développement.

Aussi, pour que la paix soit juste et durable et les conditions exécutables, il est nécessaire que ces dernières soient d'abord connues et discutées par le peuple intéressé dont le Parlement représente la volonté. La nation seule est maîtresse de ses destinées.

Les Turcs ne peuvent nullement souffrir, en ce siècle de liberté et de démocratie, une paix dont les conditions les considéreraient comme un peuple de race inférieure et leur infligeraient un sort autre que celui imparti aux Hongrois ou Bulgares dont l'intégrité territoriale a été atteinte dans une mesure qui n'a rien de comparable aux amputations infligées aux Turcs. Qu'on nous traite donc comme des vaincus, et non comme des inférieurs ou des mineurs. Les vainqueurs ont, à la rigueur, le droit de nous enlever des territoires conquis par les armes, ils n'ont pas le droit de s'ingérer dans nos affaires intérieures. Le peuple turc accordera volontiers des concessions de mines et de travaux publics aux étrangers qui lui offriraient des conditions les plus avantageuses, mais il n'admettra pas le partage arbitraire de la richesse qui appartient à la nation. S'enrichir au détriment d'un peuple malheureux n'est pas même moral. C'est d'autant plus injuste que la responsabilité des Turcs dans la guerre mondiale est considérée comme relativement minime, comparée à celle des Austro-Allemands ou Bulgares.

Les statistiques parues dans le Livre Jaune de 1897 et dans l'Encyclopédie britannique de 1910, par conséquent établies avant la guerre — dans le cas où l'on douterait des recensements officiels ottomans — prouvent nettement que l'immense majorité de la population des provinces de Smyrne, d'Adana et d'Andrinople est musulmane. Par conséquent, ces provinces doivent rester conformément au principe de nationalité sous la domination intégrale du gouvernement ottoman.

Le peuple Turc ayant conscience de son existence

nationale depuis six siècles, ne consentirait point que la majorité soit soumise ni à la domination d'une petite minorité qui, en maintes circonstances, s'est montrée intolérante et cruelle, ni à l'autorité économique d'une Puissance étrangère inspirée de visées politiques.

Les réformes que l'on va appliquer en Turquie avec le concours étranger, garantiront les droits et la sécurité des minorités non musulmanes qui jouissent déjà depuis des siècles des privilèges les plus importants.

Le Khalife, chef suprême de tous les croyants, est justement en droit de réclamer que toutes les garanties soient également données aux musulmans qui se trouvent sous la sujétion des autres Etats.

En ce qui concerne les crimes et les atrocités imputées injustement aux Turcs contre les Arméniens et les Grecs depuis l'armistice, nous les réfutons avec énergie et indignation. Nous insistons fermement sur la formation et l'envoi d'une Commission mixte et internationale pour effectuer sur les lieux une enquête impartiale et, d'avance, nous en acceptons les décisions.

Jusqu'au jour où cette enquête prouvera le contraire, nous conserverons le droit de considérer toutes les accusations portées contre nous comme des calomnies ou de purs mensonges.

La Sublime Porte avait déjà transmis le 19 février 1919 aux Hauts Commissaires une note officielle demandant le concours des Etats neutres pour la désignation des délégués chargés de rechercher la vérité des faits et d'établir les responsabilités ; mais les démarches du Cabinet ottoman sont restées infructueuses jusqu'à présent, comme celles de la Ligue de l'Unité Nationale ottomane faites le 17 mars de la même année.

Cependant, le rapport de la Commission d'enquête interalliée de Smyrne, qui a démontré le mal fondé des accusations de cruautés portées contre les Turcs, doit, au nom de la Justice, inciter les Alliés à procéder à une enquête sur les prétendus massacres de Cilicie ou d'ailleurs.

Je prie Votre Excellence d'excuser les termes de cette lettre qui s'écartent des formes protocolaires et de vouloir bien tenir compte que, lorsque la vie et les droits d'une grande Nation, qui est la mienne, se trouvent aussi gravement en danger, il est extrêmement difficile à un patriote de contenir complètement l'explosion de ses pensées et de ses sentiments.

Veuillez agréer, etc...

AHMED RIZA.

## NOTE CIRCULAIRE

### aux Délégués des cinq Grandes Puissances à la Conférence de la Paix, en date du 14 avril 1920, au sujet de la Thrace

EXCELLENCE,

Je viens d'apprendre que le Conseil Suprême des Alliés voudrait solutionner la question de la Thrace en se basant sur des renseignements ethniques tendant à démontrer l'infériorité du nombre des Musulmans.

A l'appui des protestations réitérées de mes compatriotes, j'adresse, ci-joint, à Votre Excellence, le dernier recensement des populations de Thrace que vous pourriez d'ailleurs très facilement faire contrôler, et qui procurera la preuve certaine que l'immense majorité des habitants de cette vaste région est essentiellement turque et ne consentirait en aucune manière à être séparée injustement de l'Empire Ottoman. Toute solution contraire à l'esprit d'équité et d'humanité qui serait donnée à ce grave problème, serait préjudiciable à l'établissement de la paix en Orient.

Dans le cas où le Conseil Suprême conserverait encore quelques doutes à ce sujet, il lui serait facile de procéder, sous son contrôle, à un recensement suivi de plébiscite dont le résultat impartial pourra résoudre cette question d'une façon juste et équitable.

Veuillez agréer, etc.

Ahmed RIZA.

### Recensement de la population de la Thrace

(annexe à la Note précédente)

La province d'Andrinople ou la Thrace Orientale qui constitue l'unique province ottomane de la Turquie d'Europe présente, dans ses limites anciennes comme dans celles actuelles, une physionomie nettement turque. Les habitants turcs musulmans y dépassent 65 %, et 85 % de la terre leur appartiennent. La culture et la civilisation présentent des caractères proprement turcs. Les statistiques récentes attestent que sur les six cent soixante-deux millel trois cent quarante-quatre âmes formant la population, quatre cent cinquante-cinq mille huit cent seize sont Musulmans.

Parmi les cent soixante-deux mille Grecs orthodoxes dépendant du patriarcat grec, quatre-vingt-huit mille représentent les descendants Gagavouz qui sont des Turcs pure race, parlant toujours le turc. La province d'Andrinople a une superficie totale de un million neuf cent treize mille neuf cent quarante-cinq hectares, dont un million six cent seize mille huit cent quatre vingt-dix appartiennent exclusivement aux Turcs, alors que la superficie de la terre appartenant aux Grecs orthodoxes atteint à peine deux cent soixante-dix-sept mille six cent vingt-cinq hectares. La région ne possède pas d'industrie. La richesse de la province consiste dans l'économie agricole qui est placée directement dans les mains turques. La ville d'Andrinople, autrefois la capitale de l'Empire, contient plusieurs institutions nationales, religieuses, comme cent cinquante mosquées, soixante-neuf couvents, trente-cinq séminaires, vingt-quatre bains, quatorze casernes, deux cent quarante et une fontaines, cinq établissements philanthropiques. La Thrace orientale, au point de vue ethnique, culture et économique, est un centre indéniablement turc-musulman et les Grecs n'y possèdent aucune supériorité quelconque.

---

## Lettre à Monsieur G. CLEMENCEAU, Président de la Conférence de la Paix

L'estime accordée au vaincu
rehausse le succès du vainqueur.

Constantinople, 17 juillet 1919.

MONSIEUR LE PRÉSIDENT,

J'ai lu avec une profonde douleur la réponse faite aux délégués du Gouvernement ottoman par la Conférence de la Paix. Et moi qui croyais, hélas ! que la Conférence allait mettre fin à toutes les douleurs et que les paroles inutilement offensantes seraient bannies de sa porte.

On n'a jamais vu dans l'histoire du monde qu'un peuple appelé à faire la paix ait été si cruellement outragé.

La magnanimité et l'esprit chevaleresque qui sont l'apanage de votre race et que je croyais devoir présider aux travaux du Congrès lui interdisaient même d'humilier le vaincu.

Le geste de mépris envers une nation qui fut considérée par la France, pendant des siècles, comme amie, et à l'épée de laquelle on a eu recours au moment du danger, est un défi lancé au respect humain. Avant de l'exécuter, un pareil geste aurait dû être mûrement médité et basé sur des arguments positifs et sérieux. Or, la réponse semble au contraire, inspirée par des préjugés et remplie d'erreurs. Elle me fait craindre que le sentiment haineux dont la Conférence paraît animée envers les Turcs ne soit loin de pouvoir assurer la paix et la réconciliation en Orient ; et que, plutôt, les compétitions rivales, voire même l'esprit de conquête déguisé, ne provoquent, dans ce pauvre pays, des crises et des calamités nouvelles.

Loin de moi l'intention de taxer la Conférence d'insensibilité ou d'imprévoyance ; elle est simplement mal renseignée sur tout ce qui concerne la Turquie.

Loin de moi aussi, le désir d'atténuer certaines fautes et crimes dont le Gouvernement ottoman d'alors est accusé. Je tiens seulement, et cela par amour pour la vérité, à demander aux honorables membres de la Conférence, de m'indiquer un seul méfait, un seul acte de tyrannie attribués aux Turcs, dont on ne trouve l'équivalent, encore plus accentué, dans l'histoire moderne des peuples les plus civilisés de l'Europe.

En revanche, je citerai une des qualités propres aux Turcs qu'on ne rencontre guère chez les autres : c'est la tolérance — le libre exercice du culte et de l'enseignement — que les peuples non musulmans de l'Empire ottoman seraient bien ingrats de nier. Qui aurait cru que cette tolérance à laquelle ces diverses nationalités doivent leur existence, serait un jour une des causes de notre malheur ?

Quelques graves que soient les fautes du passé — dont une partie retombe sur les intrigues étrangères —, nous faisons notre *meâ culpâ* et nous voulons vivre selon les principes sociaux de ce temps. Aussi, quelque accablante que soit la décision de la Conférence à notre égard, je suis sûr que nous vivrons quand même et malgré tout.

Veuillez agréer, etc... Ahmed RIZA.

## Lettre à Monsieur LLOYD GEORGE

Paris, 25 décembre 1919

TRÈS HONORÉ PRÉSIDENT,

C'est avec une profonde surprise que j'ai lu les passages de votre discours relatifs à mon malheureux pays. En parlant de la fermeture des Dardanelles, vous accusez de traîtrise une nation qui fut pendant des siècles l'amie dévouée de l'Angleterre.

Qu'avons-nous fait pour mériter pareille accusation du Premier Ministre de la Grande-Bretagne ? La guerre ne saurait constituer un acte de trahison. Votre peuple a, maintes fois, fait la guerre à d'autres peuples avec lesquels il est aujourd'hui ami et allié.

Si la Turquie est entrée dans cette malheureuse guerre, c'est qu'elle était abandonnée de ses amis héréditaires, et elle ne l'a fait qu'à son corps défendant et sous l'influence de quelques-uns de ses dirigeants d'alors ; mais, une fois la guerre éclatée, aucune loi internationale ou morale ne l'obligeait à laisser ouvertes les Dardanelles. En 1878, quand les Détroits ont été fermés aux Russes et laissés ouverts à la flotte anglaise, vos prédécesseurs d'alors, dignes continuateurs de la sage et noble politique de leur pays, ne traitaient pas les Turcs de traîtres. Au contraire, les illustres hommes d'Etat anglais étaient convaincus que le sort de la paix en Orient dépendait du maintien et de l'intégrité de l'Empire Ottoman.

Je connais et j'admire la grande œuvre civilisatrice du peuple anglais, aussi je trouve peu digne d'un si brillant passé la politique que son gouvernement poursuit actuellement en Orient.

Les Turcs, comme tous les êtres humains, ont leurs défauts, mais leur histoire n'est entachée d'aucun acte de trahison ; au contraire, leur fidélité envers tout engagement écrit ou verbal est citée partout comme exemple.

Si certains peuples musulmans, tels que les Arabes ou les Albanais ont pu se plaindre de la mauvaise administration de quelques fonctionnaires ottomans, ils n'ont jamais caché leur profonde estime pour le peuple Turc qui a porté si glorieusement, et cela pendant des siècles, l'étendard de l'Islam.

Si les Turcs ont perdu la guerre et avec elle une

grande partie de leurs territoires, ils n'ont pas perdu le sentiment de l'honneur ; ils resteront toujours inébranlables sur ces nobles principes dussent-ils encore, le cas échéant, y consacrer jusqu'à la dernière goutte de leur sang.

Veuillez agréer, etc...

Ahmed Riza.

---

## Lettre à Sa Sainteté le PAPE

*Paris, le* 8 *mars* 1920.

Très Saint-Père,

La paix du monde, la tranquillité de l'âme, si chères à Votre Sainteté, sont en ce moment menacées en Orient.

Certains chefs religieux, appartenant aux églises orthodoxe et protestante, mal renseignés, s'emploient à exciter l'opinion publique contre les Turcs.

Quelques hommes politiques, en Angleterre et en Amérique, soutiennent et encouragent cette dangereuse islamophobie. La religion, chose sacrée, devient encore une fois entre leurs mains un instrument de calcul politique.

L'Episcopat et le Clergé catholique restent en dehors de cette hostilité, entreprise dans le but de servir des causes étrangères à l'Eglise. Ils manifestent, comme leur éminent Pontife, leur amour pour le maintien de la paix.

La nation ottomane apprécie avec ferveur et reconnaissance ce que Votre Sainteté a bien voulu faire ces temps derniers pour arrêter l'effusion de sang ; aussi comptet-elle sur le pouvoir spirituel de Votre Sainteté pour empêcher cette sorte de haine qui finirait par engendrer de nouvelles luttes intestines.

Quand j'ai eu l'honneur d'être reçu, en audience privée, par Votre Sainteté, à mon passage à Rome, vous avez bien voulu témoigner de vos sentiments bienveillants pour le peuple turc. Encouragé par la bonté pontificale, je me permets de porter à la haute connaissance de Votre Sainteté un fait qui peut profondément impressionner le monde islamique.

L'archevêque de Canterbury, à l'instigation de quelques personnalités politiques, vient d'adresser au gouvernement britannique un appel pour obtenir l'expulsion des Turcs de Constantinople. Il prend ainsi la direction d'une croisade contre le maintien des musulmans dans leur Capitale.

Les religieux et clergymen en question semblent révoltés par les prétendus massacres arméniens ; personne, plus que les patriotes turcs, ne les déplorent. Pour apporter la lumière sur ces événements, il serait nécessaire le plus tôt possible de constituer une mission, composée de membres neutres, qui procéderait à la recherche de la vérité en recueillant toutes les preuves utiles.

L'enquête interalliée menée à Smyrne, comme l'enquête Gréco-Bulgare de 1913, sur les prétendues atrocités turques, a prouvé de quel côté étaient les vrais fautifs. Les auteurs de ces forfaits ont été dévoilés. Il serait aujourd'hui de toute importance d'éclairer le Monde sur la soi-disant cruauté imputée aux Turcs.

On constatera certainement qu'il y a eu des tueries de part et d'autre, la religion n'y a joué aucun rôle, car les Turcs ont toujours prouvé leur tolérance et leur respect en matière de libre exercice des Cultes.

Je suis intimement convaincu que le Saint-Siège voudra bien user de son influence morale, basée sur la sagesse et la justice, pour rendre inefficaces ces sortes d'agissements de nature à porter atteinte aux principes élevés et sacrés de la religion.

Je prie Votre Sainteté, etc...

Ahmed RIZA.

## Lettre à Monsieur L. BOURGEOIS, Président du Conseil de la Société des Nations

Paris, 21 mars 1920.

MONSIEUR LE PRÉSIDENT,

Le Conseil de la Société des Nations, fondé dans le but humanitaire d'éclairer de sa justice et de son impartialité les différends surgis entre les Etats, vient de prendre la décision d'envoyer une Commission d'enquête en Russie.

Je crois qu'on ferait œuvre d'équité en déléguant en Anatolie une Commission similaire pour recueillir des renseignements impartiaux et dignes de foi, sur les conditions qui ont amené les prétendus horribles massacres d'Arménie.

D'autant plus que la désignation d'une pareille mis-

5

sion est conforme aux objets définis par le pacte qui régit la Société des Nations.

Etablir la paix en Orient après une guerre comme celle qui vient de nous atteindre si cruellement, c'est une tâche très délicate et qui exige que l'on éclaire le monde d'une façon juste et impartiale sur le compte des Turcs que l'on ne cesse de calomnier.

Les calomnies monstrueuses ont pour effet de servir de prétexte au démembrement de la Turquie et à l'amoindrissement de l'autorité de la Sublime Porte et de son indépendance. Si l'on n'entreprend pas la formation de cette mission d'enquête, le rétablissement de la paix en Orient ne pourrait être assuré.

J'espère que Votre Excellence exercera une influence heureuse sur l'honorable Conseil qu'elle préside et qu'elle voudra bien tenir compte de ma demande.

Veuillez agréer, etc...

Ahmed RIZA.

## Lettre à Monsieur F. BUISSON, Président de la Ligue des Droits de l'Homme

Paris, 21 mars 1920.

MONSIEUR LE PRÉSIDENT,

La France de la Grande Révolution et de la déclaration des Droits de l'Homme n'a pas manqué, par la bouche de ses dirigeants, de déclarer, au cours de cette guerre, que ces droits seraient respectés et défendus pour le bien de l'humanité.

Malheureusement, l'attitude prise vis-à-vis de la Turquie s'éloigne de ces principes généreux et s'inspire plutôt de desseins d'expansion économique ou politique.

Les principes de votre Révolution, qui vous sont chers, malgré la confirmation solennelle qu'en a faite le président Wilson, sont journellement violés dans la pratique internationale. Une calomnie monstrueuse tend à étrangler la Turquie et à faire passer les Turcs paisibles et honnêtes comme un peuple de barbares.

De telles manœuvres, quand vous en connaîtrez la trame, ne sauraient point ne pas vous indigner. Il est donc de toute nécessité d'envoyer en Anatolie une Commission d'enquête afin de prouver au monde de quel côté sont les coupables.

Je dois vous informer que j'ai adressé à Monsieur le Président du Conseil une note dans ce sens.

J'ai la certitude que vous emploirez votre haute et impartiale influence, qui s'est si efficacement exercée dans d'autres circonstances, en faveur de ma demande.

Cette Commission d'enquête est nécessaire tout autant que celle qui a été instituée par la Société des Nations en Russie.

Il est inutile que j'insiste plus longuement sur une aussi élémentaire exigence qui s'est imposée déjà, j'en ai la conviction, au caractère large, sensible, juste et humain qui inspire généralement les décisions de votre Ligue.

Veuillez agréer, etc...

Ahmed RIZA.

## Lettre à Sa Sainteté le PAPE

Paris, 3 avril 1920.

TRÈS SAINT-PÈRE,

Souffrez qu'un Turc, qui a respectueusement conservé un souvenir impérissable de l'audience que Votre Sainteté a bien voulu lui accorder à son passage à Rome, vienne vous suggérer une idée dont la réalisation contribuera à rehausser encore davantage votre prestige personnel et constituera dans l'histoire de l'Eglise une page unique et glorieuse.

Le Saint-Siège, dont la politique fut, durant la guerre, humaine et généreuse, voudra attacher à cette idée l'importance qu'elle mérite, et prouvera ainsi à l'univers entier et à toute la chrétienté réunie que le désir suprême du Saint-Père est d'appliquer sur terre les propres paroles de l'Evangile qui recommande aux hommes de bonne volonté d'aimer leur prochain, de ne leur faire aucun mal et de ne pas porter sur eux des jugements téméraires.

Or, il est infiniment regrettable qu'aujourd'hui, dans les affaires turques, la religion serve d'instrument en Europe à quelques hommes ambitieux pour faire aboutir leurs desseins politiques. Ces politiciens poussent même la haine jusqu'à calomnier injustement une nation qui est fière d'avoir donné l'hospitalité et montré une large tolérance envers les catholiques depuis des siècles. Par contre, dans les pays des Balkans, dernièrement détachés de la Turquie et passés dans les mains des Etats orthodoxes, l'Eglise et les congrégations catholiques ont perdu leurs privilèges.

Il est injuste aussi d'invoquer la différence de croyance pour priver un peuple de ses droits légitimes, de sa liberté et de son indépendance. J'ai la certitude que Votre Sainteté désapprouve complètement cette façon d'agir.

Je me permets de faire appel à ses sentiments de loyauté et de lui soumettre l'idée de prendre l'initiative de conseiller aux Puissances alliées et associées, la formation et l'envoi sur les lieux d'une Commission mixte à laquelle se joindraient des représentants du Saint-Siège. Cette commission impartiale et équitable serait chargée d'effectuer une enquête minutieuse et de rechercher les causes et les responsabilités des prétendus massacres dont on accuse les Turcs à l'égard des Arméniens.

La Croix ne fera que rehausser son éclat et son prestige en prenant la défense du Croissant dans un but de justice et de pure vérité.

Sa Sainteté connaît les rapports d'amitié qui ont uni vos illustres prédécesseurs avec toute la lignée des Khalifes. Elle sait aussi avec quelle tolérance, alors qu'ils étaient tout-puissants, les Khalifes ont laissé à la Papauté sa domination spirituelle, et, à certains égards, temporelle sur les catholiques d'Orient.

Ce que les Turcs musulmanas, par la voie de leur Khalife accordaient aux catholiques, je vous demande que les catholiques, par votre organe vénéré, contribuent à le faire obtenir aux Musulmans turcs : je veux dire un traitement équitable et humain.

On a représenté les Turcs comme des massacreurs au moment de la guerre balkanique. La grande enquête Carnegie a démontré que les coupables étaient dans le camp adverse. On les a accablés de la même accusation sur les populations orthodoxes de la région de Smyrne et vous connaissez les résultats si favorables aux Turcs de la grande enquête internationale qui a eu lieu il y a quelques mois.

Pourquoi, au point de vue de cette malheureuse question arménienne, dont les ennemis de la Turquie veulent faire le glaive meurtrier de mon pays, pourquoi ne constitue-t-on pas une pareille enquête ?

Je vous demande, Très Saint-Père, puisque vous êtes la haute et la juste Puissance spirituelle du monde, de vouloir bien intercéder en notre faveur pour que cette œuvre de justice soit acceptée.

Je suis convaincu que la Papauté, qui a sans cesse déployé depuis le commencement du conflit mondial tous ses nobles efforts pour le rétablissement de la paix et de la justice, voudra profiter de cette occasion pour prouver au monde son impartialité et ses sentiments vraiment humains.

Je vous prie, Très Saint-Père, etc.

AHMED RIZA.

## Annexe à la précédente lettre

A l'appui de ce que j'expose, je me permets de soumettre, ci-jointe, à Votre Sainteté, la partie finale d'une lettre adressée récemment par l'amiral de Bon, Commandant en chef l'armée navale en Orient, à M. le Ministre de la Marine française :

« Enfin, Monsieur le Ministre, je connais trop la haute mission qui incombe à notre marine, spécialement dans les pays du Levant, pour insister sur la nécessité d'y maintenir la place réservée jusqu'ici à la France, au moment où nos ennemis et nos alliés la lui disputent si âprement, et pour assurer plus rapidement leurs succès, portent tout particulièrement leurs efforts sur le terrain religieux, le protestantisme et l'orthodoxie, cherchant à s'allier toutes nos écoles et nos établissements d'Orient. »

Ces lignes montrent encore une fois suffisamment que le prestige du catholicisme se trouve menacé en Orient par le protestantisme et l'orthodoxie ; il ne pourrait être assuré que par le maintien de la souveraineté Turque.

---

Les lettres qui suivent ont été adressées dans le but d'exposer à diverses personnalités britanniques, la véritable situation en Orient. Le peuple anglais, mal renseigné, fut fâcheusement impressionné sur le compte des Turcs. Les intérêts réels des deux nations exigent que la politique impérialiste poursuivie à l'égard de la Turquie par certains dirigeants anglais, prenne fin, et que des relations de séculaire amitié soient de nouveau rétablies entre les deux pays. Ces lettres ont été envoyées dans cette intention (1).

## Lettre à Monsieur ASQUITH

Paris, le 8 mars 1920.

EXCELLENCE,

L'entrée de Votre Excellence au sein du Parlement anglais lui fournira sans doute l'occasion de suivre à l'égard de la Turquie la grande politique de l'Angleterre qui avait été si heureusement inaugurée par lord Palmerston et lord Beaconsfield, défenseurs de la Turquie dans les moments difficiles de son existence.

La politique traditionnelle du Royaume-Uni en Orient consistait dans le maintien et la conservation de l'Empire Ottoman : ce dernier traverse aujourd'hui une nouvelle phase. Une propagande intense et ordonnée est dirigée contre lui par tous les moyens de diffusion possible. On pousse la haine jusqu'à projeter des films préparés spécialement dans ce but, et qui représentent mensongèrement les cruautés turques contre les Arméniens. En présence de cette campagne d'excitation, les Turcs se croyant atteints dans leur droit et leur croyance, perdent tout espoir et se sentent instinctivement portés vers la révolte.

L'Angleterre, dans le temps, estimait les Turcs, pourquoi les méprise-t-elle aujourd'hui ? Les événements survenus en Arménie en seraient-ils la cause ?

Tous les pays deviennent parfois les spectateurs forcés de drames sanguinaires ; il y a eu aussi des faits déplorables en Turquie, mais il serait injuste d'accuser les Turcs sans les entendre ni les juger. Ces actes regrettables sont tendancieusement exagérés et exploités par des pays et des nations qui ont un intérêt matériel à discréditer l'élément turc, dont l'immense majorité comprend des êtres honnêtes, passibles et tranquilles.

(1) D'autres lettres ne figurant pas dans le présent ouvrage ont été envoyées à différentes personnalités étrangères dans le dessein de leur faire connaître la vérité sur les évènements d'Orient ou d'obtenir leur appui pour l'établissement d'une paix juste et durable avec la Turquie.

Afin d'éclairer le monde sur la soi-disant brutalité turque, il serait très urgent d'envoyer sur les lieux des délégués officiels, auxquels on joindrait des représentants de la grande presse pour ouvrir une enquête impartiale.

D'ailleurs, les conclusions de l'enquête menée à Smyrne ont montré de quel côté se trouvaient les vrais fautifs. Vous n'ignorez pas non plus, Excellence, les conclusions de l'enquête de Carnegie qui a démontré que les Bulgares avaient assassiné dans les Balkans 300.000 Musulmans.

On prétend que la Turquie a commis des crimes, l'Europe cependant en commettrait un plus grand en dépeçant ma patrie.

J'ai la ferme conviction que Votre Excellence, après avoir pris connaissance de ce qui précède, voudra bien modifier son opinion à notre égard, opinion qu'elle a émise dans son dernier discours, au « Club National Libéral », et qui doit émouvoir mes compatriotes.

Veuillez agrééer, etc.

AHMED RIZA.

## Lettre à Monsieur le Président de l'ANGLO-TURKISH-SOCIETY

Paris, 29 mars 1920

MONSIEUR LE PRÉSIDENT,

Mes compatriotes Turcs sont très sensibles aux sentiments de vieille amitié que vous ne cessez de leur témoigner en ces moments douloureux, et aux nouvelles preuves d'intérêt que vous venez de montrer à leur égard ; ils sont également heureux de constater que vous persévérez ainsi dignement dans la traditionnelle et vraie politique anglaise de défense de la Turquie.

Cependant, à l'heure présente, les Turcs ressentent un profond chagrin à l'annonce des raisons émises par le Gouvernement britannique pour motiver l'occupation arbitraire et injustifiée de leur capitale.

Le Cabinet de Londres explique que dans le but de prévenir le retour de certains événements qui se sont déroulés à l'intérieur de l'Empire, tels que les attentats contre les indigènes chrétiens, et afin d'assurer l'application intégrale du traité de paix, il a pris la décision, en conjonction avec les Alliés, de placer Constantinople sous l'autorité effective du général Milne.

D'abord, au sujet des désordres attribués à tort à mes compatriotes, on veut par là faire allusion aux prétendus massacres de Cilicie. Comme vous ne devez pas l'ignorer, sans doute la Sublime-Porte et toute la nation turque ont réclamé à tous les Etats Alliés la formation et l'envoi sur les lieux d'une commission impartiale et équitable, composée de membres mixtes, pour effectuer une enquête minutieuse et rechercher sérieusement la source réelle des culpabilités. Les Turcs ont été injustement calomniés et méprisés jusqu'à ce jour ; il faut que justice leur soit rendue, et si, par hasard, leur participation dans les faits dont on les accuse est démontrée, ils sont prêts à en subir les conséquences.

Quant à la cause énoncée par le Gouvernement britannique, concernant l'intervention militaire à Constantinople, elle est encore moins légitime et justifiée ; car il n'est pas admissible d'occuper préventivement la capitale du Sultan, dans l'intention de forcer le Gouvernement Turc à appliquer et à exécuter dûment les conditions de paix, dont il ignore la teneur. En toute justice, il serait équitable d'appeler à l'avance les délégués de la Sublime-Porte à discuter avec eux, et de leur donner connaissance des clauses du traité qui va décider du sort de leur patrie. Et seulement, dans la suite, et, au cas où il y aurait refus d'application et d'exécution dudit traité, on pourrait envisager des mesures disciplinaires appropriées aux circonstances.

Le peuple turc, fort des principes sacrés des nationalités et du droit incontestable d'auto-disposition, doit aussi connaître les clauses du traité qu'on veut lui faire accepter. Malheureusement, l'occupation du siège du Khalifat, les arrestations injustes auxquelles on a procédé, ont blessé la dignité nationale et la Chambre, devant cet acte contraire au droit constitutionnel et au droit des gens, a décidé de s'ajourner *sine die* jusqu'à ce que les députés aient la possibilité de remplir leur mandat en toute sécurité et toute liberté.

Ces fâcheuses conditions tiennent donc la nation et ses représentants dans l'ignorance de leur statut politique futur, ce qui pourrait compromettre l'œuvre de paix.

Je profite de cette occasion pour attirer votre sérieuse attention sur la récente déclaration faite par M. Lloyd

George à une délégation de Musulmans de l'Inde, venue spécialement à Londres pour prendre la défense des Turcs. Le Premier anglais dit qu'il ne voit aucune raison pour traiter la Turquie autrement que furent traitées des nations chrétiennes, telles que l'Allemagne et l'Autriche, et qu'il tenait à ce que les Musulmans de l'Inde comprennent bien que l'Angleterre n'entend pas se montrer sévère pour la Turquie parce qu'elle est mahométane.

Mais ni l'Allemagne, ni l'Autriche-Hongrie, ni même la Bulgarie n'ont subi les rudes épreuves et ingérences étrangères de toutes sortes, que la Turquie supporte actuellement.

Et il n'a jamais été question d'occuper et de s'attaquer à leurs capitales.

L'immixtion réitérée de la force en Turquie risque d'aboutir à tout un autre résultat que celui du rétablissement de l'ordre. L'intérêt réel de l'Angleterre est de faciliter et non pas de compliquer l'élaboration et la consolidation de la paix orientale indispensable au bien-être européen.

Vous exercerez, sans doute, une salutaire influence sur les sphères politiques et gouvernementales où votre voix est prise en considération et j'ai la conviction sûre que votre intervention désintéressée et équitable nous procurera une garantie de plus dans la tâche difficile de la conclusion de la paix avec mon pays.

Veuillez agréer, etc...

Ahmed RIZA.

## Lettre au T. H. Lord Robert CECIL

Paris, 24 mai 1920

EXCELLENCE,

Les dures conditions de paix qu'on impose à la Turquie m'ont causé une pénible déception après les assurances maintes fois données par les Puissances de l'Entente d'élaborer une paix basée sur les principes de droit et de justice pour garantir le libre développement de tous les peuples.

Aussi je viens vous présenter quelques idées personnelles avant qu'un nouveau malheur ne plonge mon pays dans un pire désastre, désastre qui pourrait porter atteinte au repos dont tout le monde a si grand besoin.

La mutilation de la Turquie d'Europe qui enlève Andrinople dont la grande majorité de la population est turque, pour l'abandonner sans raison aux Grecs, et la perte de notre grand débouché méditerranéen de Smyrne, où la Sublime Porte n'aura plus qu'un semblant de souveraineté, portent une grave atteinte aux principes des nationalités et à l'honneur de tous les patriotes Turcs.

Ces conditions de paix peu conformes aux paroles prononcées au cours de la Cérémonie du Quai d'Orsay par M. Millerand au nom des Alliés, ne parviendront nullement ni à calmer les esprits déjà fort agités, ni à empêcher le sang de couler.

Cette guerre de carnage et de destruction, qui a également ravagé ma patrie, devrait le plus tôt faire place à une paix réparatrice dont il faudra assurer l'existence pour le bien-être commun de l'Occident et de l'Orient.

L'Entente a commis une grave erreur en permettant l'occupation de Smyrne par les forces hellènes après l'armistice. Les Turcs en ont été douloureusement peinés et un vif amour patriotique s'est emparé d'eux, les poussant spontanément à constituer une armée nationale pour accomplir la tâche de défendre leurs véritables droits qu'on voulait méconnaître.

La force nouvelle ainsi formée ne s'est jamais appuyée sur aucune puissance étrangère, foncièrement fidèle au Sultan elle ne pouvait être taxée de rebelle ! Elle est la manifestation sincère des sentiments de fierté de tous les Turcs prêts à mourir pour leur liberté et leur indépendance.

Le jour où la question des prétentions et des ambitions infondées des Grecs sera écartée, ce jour-là, seulement, l'armée nationale estimera son devoir terminé.

Si le Gouvernement britannique désire prendre des précautions pour l'avenir afin d'éviter le retour d'un nouveau conflit en Orient, et garantir en même temps la paix, les moyens utiles sont faciles à trouver. Il suffirait de mettre un peu de bonne volonté, beaucoup de désintéressement et éviter surtout comme votre Excellence l'a dit dernièrement, les conseils de certains « chasseurs de concessions ».

Autrement l'œuvre de paix serait compromise et je crains que le gouvernement anglais n'en porte une lourde part de responsabilités.

La politique d'oppression entreprise en Turquie, ces derniers temps, devait céder le pas à l'ancienne ligne de conduite du Gouvernement britannique, qui se résumait en la saine tradition de défense de l'Empire Ottoman.

Une situation désespérée a été créée en Turquie à la suite des multiples vexations, arrestations et déportations qui ont été arbitrairement exécutées ; la barrière s'est rompue devant les flots grandissants du bolchevisme.

La tactique de violence n'amènera rien de bon ni de durable.

Au-dessus des convoitises politiques qui risquent de détruire le repos recherché par tout l'univers, repose la question capitale des intérêts turco-européens.

Le Gouvernement britannique ne doit plus s'entêter dans son erreur de qualifier les Turcs d'ennemis des Anglais. Les Turcs sont hostiles à la politique suivie par l'Angleterre officielle et non pas aux Anglais dont ils se rappellent l'ancienne et séculaire amitié et dont ils ne parviennent pas à s'expliquer la cruauté et le mépris actuels.

Je crois fermement que Votre Excellence, tenant un juste compte des raisons plus puissantes que jamais que nous avons de vivre en étroit accord dans l'avenir, ne manquera pas de prêcher une solution conciliante et voudra bien agir efficacement dans les sphères gouvernementales, afin de contribuer à l'établissement d'une paix durable et juste à laquelle tous les Turcs aspirent.

Veuillez agréer, etc...

Ahmed RIZA.

## Lettre au T. H. LORD CURZON

Paris, 24 mai 1920

EXCELLENCE,

J'ai éprouvé une profonde déception en prenant connaissance des conditions de paix imposées à l'Empire Ottoman et j'estime de mon devoir de patriote d'intervenir auprès de Votre Excellence avant que l'irréparable ne soit commis.

Les sentiments de vieille amitié que l'Angleterre a toujours montrés à la Turquie, me donnent l'espoir, qu'en ces heures de gravité exceptionnelle, mon appel sera entendu et que le Gouvernement britannique abandonnant sa politique d'aventures, reviendra à la saine tradition de défense de l'Empire Ottoman.

La mutilation de l'ancien territoire turc en Europe arrachant la ville d'Andrinople des mains de ses légitimes possesseurs pour la livrer aux hellènes, et la perte de la plus grande partie de l'Anatolie où notre grand débouché méditerranéen de Smyrne ne restera plus que fictivement sous la suzeraineté ottomane, sont deux coups mortels pour la Turquie.

Ces clauses sévères et inhumaines sont un défi lancé aux ardents patriotes Turcs, elles ne parviendront ni à calmer les esprits ni à arrêter l'effusion du sang. Loin de là, la prodigieuse agitation qui se manifeste en Turquie ne fera que grandir.

D'ailleurs, l'impardonnable erreur de l'intervention hellène à Smyrne a réveillé dans le cœur des Turcs un ardent patriotisme qui s'est révélé par la formation de l'armée nationale. Cette armée, qui a entrepris la tâche de défendre les véritables droits de tous les Turcs, ne s'appuie sur aucune Puissance étrangère. Elle est foncièrement fidèle au Sultan et ne peut en aucune façon être rebelle ; elle représente les sentiments de fierté d'une nation qui ne veut devenir l'esclave de personne.

Tant que la question des visées et des ambitions infondées des Grecs n'aura pas été écartée de l'horizon politique, la situation empirera de plus en plus et le gouvernement britannique sera tenu pour responsable de cette aggravation néfaste et des conséquences inévitables qui en découleront.

L'armée nationale ne considérera son rôle terminé que le jour où les droits légitimes des Turcs seront reconnus et les prétentions grecques rejetées.

Si le gouvernement britannique désire en toute sincérité prendre les précautions efficaces en vue d'éviter le retour d'un redoutable conflit en Orient et garantir également la paix, les moyens utiles ne sont pas difficiles à trouver. Il suffirait, pour arriver à ce résultat, de mettre un peu de bonne volonté et beaucoup de désintéressement, sans recourir comme on l'a malheureusement fait, à des vexations, à des arrestations et à des déportations injustifiées.

La politique d'oppression entreprise ces derniers temps à l'égard de la Sublime Porte, — ligne de conduite inspirée peut-être par des agents qui prétendent à tort connaître les questions orientales — a créé en Turquie une situation désespérée qui a dû ouvrir la barrière à la vague bolchevique.

La violence et la brutalité n'amènent rien de bon ni de définitif.

La tactique inspirée par de pareils sentiments de convoitises soulèvera contre elle la volonté des « masses » et mettra l'Orient en péril.

Le Cabinet de Londres ne doit plus s'obstiner dans son erreur politique et continuer de taxer les Turcs comme hostiles au peuple britannique.

Les Turcs ne sont pas ses ennemis et se rappellent que dans le temps les Anglais les estimaient ; aussi sont-ils étonnés de se voir si cruellement jugés et méprisés.

La politique actuelle du gouvernement britannique, seule, a froissé leur amitié.

C'est dans l'intérêt général et dans celui de l'Angleterre en particulier, de conserver au peuple Turc ses droits et ses aspirations légitimes et de maintenir une Turquie *solide, indépendante* et *viable*.

Je nourris la conviction que la sagacité de Votre Excellence et son désir de pacification lui feront prendre en considération la teneur de la présente note et qu'Elle ne manquera pas d'intervenir salutairement auprès des milieux gouvernementaux dans le but d'établir la vraie paix orientale indispensable au bien-être du monde civilisé.

Veuillez agréer, etc...

Ahmed Riza.

# QUELQUES RÉFLEXIONS

SUR LE

# TRAITÉ DE PAIX TURC

La sévérité des clauses du Traité de Paix imposé à l'Empire Ottoman ne m'a point surpris ; je n'ignorais pas dans quel esprit et dans quel but il a été élaboré.

Le discours de M. Clemenceau adressé à la première Délégation turque était déjà un avertissement assez significatif pour tout patriote turc. Il le préparait au malheur avant que son pays fut si rudement frappé.

Le partage économique et financier de la Turquie était un fait prévu ; les hommes d'affaires y travaillaient sourdement pendant que les hommes d'Etat, absorbés par d'autres préoccupations ou aveuglés par leurs conceptions erronées des choses d'Orient, les laissaient agir à leur guise.

La Turquie, victime des erreurs et des rivalités étrangères, se voit obligée aujourd'hui de payer pour toutes les nations combattantes les frais immenses occasionnés par la guerre générale.

Les Etats Alliés, petits ou grands, oubliant leurs déclarations solennelles de désintéressement, oubliant aussi qu'ils luttaient uniquement pour la justice et la liberté du monde, considèrent comme une proie, comme la rançon de leur victoire, la Turquie abattue.

Leurs actes contredisent leurs proclamations. Je cherche en vain la trace des nobles principes qu'au lendemain de la victoire ils affirmaient au monde par la voix de leurs représentants. Le Traité est contraire non seulement aux déclarations des larges principes énoncés par les Alliés, mais aussi aux Quatorze points de Wilson et même aux clauses de l'armistice. Au lieu de garantir la paix générale, il laisse l'humanité dans le chaos, dans l'incertitude et dans l'inquiétude du lendemain. Malheur aux vaincus ! et que la Turquie succombe ! Telle apparaît l'inhumaine conclusion du Traité de Paix.

Plus que ces impitoyables obligations imposées aux Turcs, ce qui me semble inexplicable dans cette formidable erreur politique du Traité, c'est de voir la France elle-même oublier et sacrifier ses intérêts matériels et moraux.

Le but essentiel de la France dans l'élaboration de ce Traité n'est-il pas en effet d'assurer en Orient la paix et d'y sauvegarder ses propres intérêts? Or, en parcourant les clauses du Traité, nous constatons avec étonnement qu'elle abandonne l'un et l'autre et qu'elle renonce en même temps à son rôle historique.

La France, il y a un demi-siècle, occupait le premier rang en Turquie; dans l'avenir, elle risque de choir au dernier. Ses intérêts matériels sont diminués, ses intérêts intellectuels moraux et religieux presque anéantis. Quant à son prestige, à la suite de la non-exécution des engagements pris et des promesses formulées, il baissera sans retour.

La victoire n'a donc servi à la France en Orient qu'à ternir son renom séculaire. La postérité qui veille sur l'histoire ne saurait admettre l'irresponsabilité du Gouvernement français dans ces redoutables décisions prises en commun contre les Turcs.

J'ai appris que le Gouvernement n'approuvait pas ces injustes résolutions et qu'il avait fini par les accepter pour des raisons qu'il ne m'appartient pas de discuter. Si au lieu de suivre une diplomatie secrète, il avait éveillé le peuple français à la juste connaissance de ses intérêts réels en Orient, s'il s'était aussi entendu avec le peuple turc, au lieu d'envoyer contre lui les Grecs et les légions arméniennes, il aurait facilement trouvé l'énergie nécessaire pour résister aux pressions du dehors.

Et M. Nitti, qui déclarait courageusement que ce Traité était un acte criminel, aurait dû à son tour faire appel aux sentiments de générosité du peuple italien qui, depuis l'armistice, se conduit en Turquie avec tant de tact et de convenance.

Alors seulement, nous eussions entendu la grande voix des nations libérales qui sut toujours s'élever pour la défense des peuples opprimés.

Comme le Gouvernement français ne possédait pas entièrement la liberté de tous ses mouvements, je ne me permettrai pas de l'accuser en particulier ; mais cela ne m'empêchera point de déplorer la politique générale de l'Entente que je juge détestable. Si elle ne s'inspire pas des intérêts capitalistes, elle se laisse en tous cas dominer par eux. L'œuvre, en l'espèce le Traité, se mesure donc à l'inspiration qui l'a fait naître.

Tous les hommes éminents de l'Europe, philosophes, moralistes, sociologues déploraient avant la guerre l'anarchie morale et intellectuelle qui sévissait au sein des sociétés modernes. La politique surtout n'était nullement subordonnée à la morale.

Le conflit mondial fut la conséquence fatale de cette perversion des mœurs.

La guerre a envenimé davantage les haines et les colères et a développé les instincts les plus égoïstes et les plus cruels. Aussi, toutes les considérations d'ordre moral, toutes les exhortations de la justice devaient rester impuissantes devant tant de passions déchaînées.

Nous vivons donc à une époque où le sentiment public est trop passionné, trop intéressé et trop grisé pour écouter la voix de la raison. Un traité équitable et humain, une paix impartiale fondée sur la raison et l'altruisme ne peuvent appartenir qu'au domaine du songe. Or, l'Heure présente pour les Turcs n'est pas aux rêves, mais aux actes et à la réalité.

Combien eussions-nous préféré entendre proclamer que la justice, la liberté et tous les principes sacrés n'étaient pas destinés aux Musulmans et que les Alliés, n'écoutant que leur intérêt, cherchaient au contraire à tirer un profit tangible et matériel de leur triomphe en se partageant la dépouille turque.

Une telle déclaration brutale eut mieux valu que des prétextes enveloppés qui abaissent aux yeux de l'Orient le prestige de l'Occident.

***

En examinant le Traité, je ne veux en aborder que les principales clauses politiques. J'en dirai tout ce que je pense, avec la rude franchise qui convient aux amitiés solides.

Je ne me contente pas de les critiquer, mais ainsi que je l'ai indiqué dans les trois notes publiées plus haut, je fais connaître les bases acceptables d'une paix donnant satisfaction aux intérêts légitimes des parties contractantes.

Lorsque nous réclamons l'application des principes proclamés, on nous répond : n'oubliez pas que vous avez été vaincus ! Cependant, toutes ces déclarations et promesses ont été formulées pour les vaincus.

M. Millerand, dans son engagement vis-à-vis du Parlement, avait promis d'organiser une Turquie viable ; cette Turquie comprendrait avec les territoires peuplés en majorité d'Ottomans et les débouchés économiques indispensables à sa prospérité.

M. le Président s'adressant, au nom de tous les Alliés, aux Plénipotentiaires ottomans, disait encore ceci :

« Tout en assurant la liberté des Détroits, les Puissances Alliées ont décidé de maintenir la souveraineté du Sultan à Constantinople. Cette résolution souligne leur volonté de conclure avec l'Empire Ottoman un Traité équitable, tenant compte des droits, des intérêts et des aspirations légitimes de la Turquie et d'instaurer une Paix fondée sur les principes du droit, de la liberté et de la justice pour le triomphe desquels les Alliés ont combattu. »

J'ai lu les 433 articles du Traité je n'ai rien trouvé qui puisse confirmer et justifier ces paroles ; au lieu d'organiser une Turquie viable comme il le promettait, on a élaboré seulement une série de sanctions !

Mais, avant tout, je tiens à répondre aux deux griefs que M. le Président du Conseil adresse aux Turcs dans son discours. Il nous accuse d'avoir pris part à la guerre aux côtés des Empires Centraux.

J'ai attaqué moi-même le Gouvernement ottoman de l'époque, pour cette irréparable et funeste faute, et pendant quatre ans, je me suis abstenu de voter le budget en signe de protestation. Ce point établi je me demande quel peut être, dans la conflagration générale le degré de responsabilité de la Turquie comparativement à celui de l'Allemagne ou à celui d'autres Puissances. L'Histoire nous apprendra qui a préparé et qui a provoqué le conflit mondial et quel a été le rôle joué dans ce domaine par l'Angleterre et la Russie.

Le Gouvernement ottoman n'y a participé que trois mois après, le carnage et le flot épouvantable dévastait déjà la terre, et si la Turquie s'est rangée alors aux côtés des Allemands, la politique anti-turque de l'Angleterre et même de la France y furent pour beaucoup. Il ne faut pas oublier non plus que la France, alliée de la Russie, notre ennemie héréditaire qui ambitionnait de longue date Constantinople et les Détroits, avait soutenu la politique moscovite contre les Turcs pendant la guerre des Balkans.

C'est donc aux Russes que les Turcs s'opposèrent et non pas aux Français. L'histoire nous a fait parfois les adversaires de la France, mais jamais ses ennemis. Voici plus de deux siècles que la Turquie n'a pas déclaré la guerre de son propre chef. Elle y fut toujours contrainte. Cette fois encore, c'est notre pays qui subit l'agression et l'envahissement des troupes alliées.

On renverse les rôles, en nous accusant d'avoir été à la longue la cause des malheurs des Alliés. C'est plutôt nous qui devions adresser cette critique aux Européens, pour avoir allumé le feu mortel et lancé sur l'humanité la catastrophe qui couvrirent le monde de deuils et qui ruinèrent aussi la Turquie en la forçant à sacrifier la vie et la jeunesse de ses enfants.

Si le Gouvernement ottoman était demeuré neutre, la Turquie pouvait-elle éviter la débâcle finale ? Je fus de ceux qui le pensèrent jusqu'à ces derniers temps, mais les documents révélés et publiés par la Russie des Soviets contredisent cette opinion. Il eut été habile de notre part peut-être de rester un an et plus dans l'expectative pour voir de quel côté pencherait la balance de la victoire, mais nos dirigeants d'alors, quoique coupables, ont voulu agir en hommes braves et en honnêtes patriotes. Et puis, le moyen était toujours facile de découvrir en Turquie aussi comme on l'a fait ailleurs, une créature appuyée par une tierce Puissance et à sa solde pour entraîner une partie de nos populations à la guerre — surtout à une guerre contre la Russie.

On ajoute que les Turcs ont contribué à la prolongation des hostilités. C'est là une simple affirmation. La réalité est toute autre. Les Turcs, en effet, ont contribué à un résultat positif ; leur concours a servi à détruire l'impérialisme moscovite qu'ils redoutaient avant tout. L'humanité entière leur en saura gré un jour, quelles que soient les opinions de l'heure présente.

L'Entente ne devrait pas non plus méconnaître cette œuvre des Turcs, car sans son accomplissement, les Russes victorieux, en s'installant définitivement à Constantinople, n'auraient jamais admis aucun droit aux Alliés sur la moindre parcelle de l'Empire Ottoman.

C'est alors, mais en vain, que l'Angleterre aurait regretté l'aide des Turcs, afin de s'opposer à la suprématie russe dans le bassin méditerranéen. Cette alternative ne tardera pas à se réaliser, lorsque l'Angleterre sera désillusionnée sur les intentions réelles de la Grèce, à qui elle confie le rôle de contre-influencer en Orient la politique italo-russe.

## ANDRINOPLE — SMYRNE

La partie la plus inacceptable du projet de Traité est celle qui détache Andrinople en faveur de la Grèce, en y établissant un foyer permanent d'incendie. Personne ne conteste qu'Andrinople ne soit une ville foncièrement musulmane ; la statistique publiée page 60 le prouve amplement.

Cette clause inhumaine d'abandon laisse supposer que les Puissances de l'Entente désirent, non pas la Paix réelle et définitive, mais la reprise prochaine d'un nouveau conflit sanglant en Turquie. Elle est, en outre, en contradiction flagrante avec les principes des nationalités, de la majorité ethnique et du droit des peuples de disposer librement d'eux-mêmes. Elle est même anti-humaine, puisqu'elle tend à provoquer la guerre.

Quant à l'arrangement conclu au sujet de l'hinterland de Smyrne, il est contraire au bon sens même. La ville de Smyrne, d'après les décisions arrêtées, serait occupée et administrée par les Hellènes pendant une période de cinq années ; à l'expiration de ce délai, il y serait procédé à un plébiscite auquel la Grèce est directement intéressée.

Nous demandons qu'on impose dès maintenant ce plébiscite ou, pour être au moins logique, qu'on appelle à la tête de l'administration de cette région un Etat Neutre qui ne nourrisse pas d'ambitieuses visées politiques sur le pays.

L'Empire ottoman, entouré de petits Etats intentionnellement créés pour l'empêcher de fédérer avec le monde musulman, n'a qu'un seul débouché ouvert, le port de Smyrne. Les Alliés veulent l'en priver, tandis qu'ils proposent Batoum ou Trébizonde aux Arméniens et Dantzig aux Polonais. Sans ce port de Smyrne, l'Asie Mineure sera étranglée économiquement, l'existence même sera impossible au peuple turc. Smyrne est à l'Anatolie, ce qu'Andrinople est à Constantinople.

Il ne m'appartient pas de chercher les raisons pour lesquelles la Grèce se voit attribuer tant de territoires? Mais ce n'est certainement pas en récompense des prétendus services qu'elle aurait rendus au cours de la grande guerre, ce n'est pas non plus parce qu'une partie de la population de la Grèce est entrée, on sait dans quelles circonstances et sous quelle pression, dans la guerre, que ces deux villes doivent revenir aux Hellènes. Le but certain, mais inavoué que l'on poursuit, est de menacer la Capitale de l'Empire ottoman, d'y gêner les Turcs, et, finalement, de les expulser du continent européen.

Les Turcs, dans leur propre foyer, seront tourmentés et réduits à une servitude humiliante. Leurs ressources, limitées, et leurs moyens d'existence rendus plus difficiles, ils seront condamnés à la misère et, par conséquent, obligés de vendre leurs biens et d'émigrer vers un pays où la vie leur serait plus facile.

En Thessalie, sous le régime ottoman, 300.000 Turcs vivaient du produit de leurs terres ; depuis que cette province a été remise à la Grèce, il n'y reste plus qu'une vingtaine de familles turques.

Le même cas s'est produit en Crète où les Musulmans ont dû quitter leur pays par suite des atrocités et des mauvais traitements auxquels ils étaient en butte de la part du Gouvernement hellénique.

## CONSTANTINOPLE

La promiscuité des Hellènes rendra, en effet, notre situation très précaire, fragile et inquiétante. Nous resterons à Constantinople, mais sous des réserves et sous une menace continuelle.

Si malheureusement nous venions à manquer à l'intégrale observation des dispositions édictées par les Alliés, non seulement du présent Traité, mais encore aux conventions complémentaires que l'on annonce et que nous ignorons pour le moment, nous risquerions de perdre notre Capitale. Or, une Puissance Etrangère pourra, quand elle voudra, y fomenter des troubles pour créer un prétexte de nous en chasser.

Les Alliés sont d'accord pour qu'il ne soit pas porté atteinte aux droits et titres du Gouvernement ottoman sur Constantinople. Quels sont ces droits et que signifient-ils? Il n'y a rien de plus dangereux et de plus haïssable en politique que les affirmations vagues et les décisions ténébreuses.

Le Sultan, le peuple et le Gouvernement jouissent-ils de leur entière souveraineté sur Constantinople ; ont-ils oui ou non la liberté et l'indépendance du pouvoir dans les autres provinces de l'Empire laissées sous le sceptre d'Osman? Le Traité demeure muet sur cette importante question, et, tout au contraire, il porte dans chacune de ses nombreuses clauses une pénible atteinte à notre indépendance. Il ne reconnaît aucun droit au peuple turc. Sa constitution et sa souveraineté nationales sont foulées aux pieds en dépit de toutes les déclarations les plus solennelles des principes de liberté et de self-disposition promis et reconnus à tous les peuples. A Constantinople, il y aura plus d'Administrations internationales et plus de Contrôles étrangers que de Départements ottomans. Une sorte de petits Etats dans un Etat y sera constituée. Ce sera un Empire pupille placé sous la protection des Alliés tuteurs. Leurs interventions, certainement abusives, paralyseront l'autorité du Gouvernement et diminueront son influence. Il y aura fatalement une confusion de pouvoirs, une anarchie morale où la Turquie égarée, divisée, finira pas disparaître comme nation politique.

Le rétablissement du Régime des Capitulations au profit de tous les Alliés prouve seul qu'on ne veut pas l'indépendance et le libre développement du peuple turc. Aucun commerce, aucune industrie indigènes ne seront possibles avec les capitulations.

La Société des Nations prévoit l'admission probable dans son sein de l'Allemagne et de la Bulgarie, mais ne donne aucune indication positive sur l'entrée ultérieure de la Turquie. La Commission des Détroits l'exclut également, bien qu'elle possède sa Capitale sur le Bosphore.

Ces deux indices signifient d'autre part et assez nettement que la Turquie n'est pas reconnue comme Puissance souveraine et indépendante. — La Turquie sera viable, mais aux Etrangers et non plus aux Turcs.

Qu'il me soit permis, à présent, d'en approfondir les causes. Est-ce parce que la Turquie s'est rangée du côté des Empires Centraux ? Mais n'est-ce pas là aussi, et dans des conditions plus graves encore, le fait de la Bulgarie ? Et ce pays dont la culpabilité dépasse infiniment la nôtre, subit des conditions de paix moins écrasantes que celles dont nous sommes menacés !

On a enlevé très peu de territoires aux Bulgares et on leur a imposé des obligations plus ou moins sévères. Mais sur le reste des territoires qui leur sont reconnus, ainsi que dans leur capitale, ils sont laissés complètement libres et maîtres de leur sol, sans intervention ni contrôle étrangers.

Sont-ils récompensés à cause de leur rupture avec les Puissances Centrales ? Pour l'honneur de l'Europe, j'aime à ne pas le croire.

Si les Bulgares sont mieux traités que les Turcs, la raison en est simple : c'est qu'ils ne sont pas Musulmans et que leur pays n'est pas riche en mines et en matières premières.

Le Général français, Bernard Serrigny, a raison de dire que les intérêts économiques peuvent seuls, de nos jours, déchaîner la guerre. Tout le reste n'est que prétextes, jalousies héréditaires entre nations, rancunes des défaites d'antan, dissidences religieuses, cachant toujours des appétits matériels à satisfaire !

## DETROITS

La partie du Traité relative aux Détroits ne constitue pas une décision raisonnée et clairvoyante. Elle a été rédigée sous l'impression récente de la guerre. Les Alliés semblent être imprégnés des résultats de la résistance épique des Turcs aux Dardanelles, comme le monde chrétien demeure toujours sous l'influence de la défense non moins héroïque du Sultan Saladin qui contint les Croisés. Ou bien, la question des détroits sert de prétexte à l'installation des Alliés à Constantinople. Car s'il s'était agi de garantir la liberté de passage, ils auraient envisagé simplement l'occupation des entrées principales.

Seule, la pensée d'un châtiment a pu inciter les Puissances Alliées à arrêter des clauses aussi draconiennes.

La fermeture des Détroits a été la cause, dit-on, de la prolongation de la guerre. Cela n'est qu'une hypothèse. Qu'il me soit permis, à mon tour, d'en formuler une autre.

Si l'Italie était restée fidèle à la Triplice, et si, d'un autre côté, l'Empire Ottoman avait conservé sa neutralité, ou bien s'il avait pris part à la guerre aux côtés de l'Entente, les Détroits seraient-ils restés ouverts ou fermés aux vaisseaux de guerre italiens ? Ici, une réponse loyale s'impose.

Les Alliés, je le répète, font preuve d'imprévoyance et ne tiennent pas exactement compte des réalités. Leurs décisions sont prises, je le crains, un peu trop à la hâte.

Ils réclament la neutralisation des Détroits et le libre passage pour tous les vaisseaux de commerce et de guerre, mais ils n'énumèrent pas les mesures qui doivent garantir la sécurité de notre Capitale. Si la flotte grecque, à la faveur d'une nuit, traversait les Dardanelles dans un but d'agression, que pourrait-on faire en présence du fait accompli ? Qui viendrait à notre secours pour nous délivrer de cette invasion, puisque, volontairement, on nous enlève nos forces de terre, de mer et des airs, indispensables à notre défense légitime ?

L'occupation clandestine de Phillipopoli et de la Roumélie Orientale par les Bulgares, en violation du Traité de Berlin, et celle de la Bosnie-Herzégovine par l'Autriche, — qui, du reste, l'a chèrement payée — sont là des actes que nous n'avons pas oubliés.

## SOCIETE DES NATIONS

On nous répondra peut-être qu'à cette époque, la « Société des Nations » n'existait pas encore, mais qu'aujourd'hui, par contre, elle est créée pour prendre les mesures propres à sauvegarder la paix des nations, et qu'elle peut s'opposer à la moindre violation des clauses du Traité.

Cette garantie ne me paraît ni solide, ni efficace. Car bien qu'officiellement constituée, la Société des Nations ne fonctionne qu'en paroles et qu'en voyages ; ses actes sont sans effets et sans sanctions et elle demeure impuissante devant les innombrables injustices qui se multiplient.

Les guerres en Pologne, en Asie, en Perse et dans les autres régions du monde, continuent sans qu'elle puisse y remédier ou y mettre fin. Elle ne pourra pas davantage prévenir les conflits qui nous menacent et risquent d'ensanglanter de nouveau l'Orient.

Cette impuissance de la Société des Nations devant les conflits actuels augmente notre incertitude et accroît notre désespoir à son égard.

Tant que nous n'aurons pas la conviction absolue de son autorité, nous serons continuellement enclins à douter et à chercher un appui ailleurs, avec la certitude que là est notre devoir. En ces temps de transitions où l'univers entier subit des transformations sociales, ce serait une grave erreur que d'accorder toute sa confiance aux prescriptions et à l'impartialité d'une Société qui exclut pour le moment de son sein la Turquie et les Turcs.

Nous avons demandé à son Conseil de provoquer l'envoi d'une Commission d'enquête en Turquie pour contrôler les accusations mensongères dont certains de ses adversaires ne cessent d'accabler le peuple turc. La Turquie tout entière réclamait cette justice d'une seule voix, alors que la Russie refusait de recevoir une mission identique. Malheureusement pour les vaincus, la Société des Nations ne prête l'oreille et ne s'intéresse qu'aux réclamations des Etats victorieux. Elle reste sourde aux plaintes des éprouvés et des malheureux. Composée en majorité par des membres rattachés à la Grande-Bretagne, est-elle influencée par des clergymen anglais ? La conscience des nations est-elle donc abolie ?

Le Cardinal Dubois, archevêque de Rouen, avait raison de se féliciter en voyant en elle une nouvelle Sainte Alliance : « J'ai salué, disait cet éminent prélat, avec joie, l'établissement de la « Ligue des Nations ». Qui sait si, dans les desseins insondables de la Providence, nous ne sommes pas actuellement les témoins d'une renaissance du Christianisme. » — Il voulait dire peut-être une croisade nouvelle.

## EGYPTE, TUNISIE, MAROC, CHYPRE

Le Traité exige que nous renoncions à tous nos droits et titres sur l'Egypte, en faveur de la Grande-Bretagne.

L'Empire ottoman ne consentirait à un pareil renoncement que si le bénéficiaire en était le peuple égyptien, à qui, seul, appartient le droit et la liberté de choisir le gouvernement qui lui convient.

Il est contraire à toute justice et aux assurances formulées par l'Angleterre elle-même, qu'une population de dix millions de Musulmans et d'un million de Coptes, solidairement unis et capables de s'administrer par eux-mêmes, soit arbitrairement dominée par les Anglais.

Il est même étrange que la Grande-Bretagne qui se glorifie d'avoir créé un Etat libre d'Arménie, qui n'existait pas, certes, depuis des siècles, méconnaisse l'indépendance et la liberté des Egyptiens, lesquels ont leur histoire propre depuis les temps les plus anciens, et ont derrière eux tout un passé de civilisation grandiose.

La cause de ce contraste frappant est bien claire : On refuse l'indépendance aux Egyptiens uniquement :

1° Parce qu'ils sont de religion musulmane et qu'ils n'embrasseront jamais le protestantisme ;

2° Parce qu'ils possèdent en outre des territoires riches, honteusement exploités par des capitalistes anglais, par contre, les Arméniens sont des chrétiens qui se prêteraient facilement aux conversions et dont l'indépendance récente, réalisée au seul détriment des Turcs, ne coûte rien aux **Anglais !**

Et, chose intéressante à remarquer, la plupart des personnes importantes qui se trouvent à la tête du mouvement arménien sont originaires ou de l'Egypte ou de la Turquie. Est-ce donc en se séparant de leur pays natal qu'elles acquièrent la capacité de se gouverner elle-même ?

Quant au Maroc et à la Tunisie, sur lesquels on nous demande de reconnaître le protectorat de la France, je formulerai les mêmes observations : la Tunisie, bien avant l'occupation française, était un Etat autonome et quasi indépendant, exclusivement arabe et musulman. Tous ces peuples arabes sont aussi instruits et civilisés que les Arméniens ; ils devraient donc être libres de choisir leur gouvernement et leur mode d'administration.

En ce qui concerne Chypre, cette île a été assignée provisoirement à l'Angleterre en 1878, dans le but d'assurer, pour l'avenir, l'intégrité des territoires du Sultan, et de lui prêter son concours.

Les événements survenus un peu plus tard ont démontré que l'occupation de Chypre par la Grande-Bretagne avait pour but d'atteindre un résultat tout autre que celui de soutenir la Turquie et de l'aider dans ses réformes en Anatolie ; l'Angleterre avait déjà formé le projet de s'emparer par un coup de force de l'Egypte ; il lui fallait, à cet effet, une base navale, un point d'appui, en vue de prévenir des complications futures ou des difficultés imprévues. Chypre était tout indiqué pour faciliter la réalisation de ce plan de conquêtes.

Aussi, trois ans après son occupation de la Vallée du Nil, l'Angleterre oublia complètement ses promesses envers la Sublime Porte. La Turquie ne l'intéressait guère ; la route des Indes lui étant acquise par la possession certaine du Canal de Suez. Chypre était un gage garantissant des devoirs réciproques. Or, dès 1908, une guerre se préparait contre les Jeunes-Turcs pour les empêcher de régénérer leur pays. L'Angleterre n'a rien fait afin d'écarter ce conflit ; au contraire, elle a conseillé au Gouvernement ottoman de licencier ses meilleures troupes de Macédoine.

Par conséquent, le gouvernement britannique n'a pas soutenu la Turquie. En présence de cette non-observation des engagements à qui revient le gage ?

## SYRIE, MESOPOTAMIE, HEDJAZ, LIEUX-SAINTS

Le Traité détache de l'Empire Ottoman les pays arabes ; il proclame la liberté et l'indépendance complète du Hedjaz et reconnaît son roi déjà couronné.

Cependant, la Syrie et la Mésopotamie ne seront elles-mêmes reconnues libres que le jour où elles se montreront capables de se conduire et de s'administrer seules.

Les nomades du Hedjaz sont donc considérés comme plus aptes à se gouverner que les habitants des contrées syriennes, pourtant sédentaires en très grande majorité et très cultivés. Du reste, pendant de longues années, le Liban a fourni ses propres fonctionnaires, sous la haute surveillance de la Sublime-Porte.

La Syrie et la Mésopotamie resteront donc, jusqu'à leur maturité politique, sous la protection de la France et de l'Angleterre. Mais, on a pu ailleurs constater combien se prolongeaient ces régimes transitoires, et avec quelle facilité, les gouvernements intéressés pouvaient les rendre définitifs.

Les Musulmans des Indes déclarent que les mandats sur la Syrie et la Mésopotamie équivalent à l'inauguration déguisée de la domination chrétienne sur tous les Lieux-Saints de l'Islam et que la conscience musulmane ne pourra jamais se résigner à accepter un pareil état de choses. Ils s'opposent également à la transmission du Khalifat entre les mains d'un Etat relativement faible et dont la constitution est encore discutée, même par les Arabes.

Ceux qui exigent de la Turquie la reconnaissance du Hedjaz, ignorent en effet les prérogatives du Khalifat, ou bien cherchent, par ce moyen, à arracher tous les liens qui l'unissent au Sultanat Ottoman. Les Lieux-Saints font partie du patrimoine fondamental du Commandeur des Croyants. On ne peut y toucher sans porter gravement atteinte à ses droits de souveraineté temporelle et spirituelle.

Le Sultan lui-même ne peut renoncer à ses droits et titres au profit d'un nouvel Etat, fut-il musulman, s'il est constitué et installé sous l'égide de Puissances étrangères chrétiennes.

Qu'entend-on exactement par ce « titre » qu'on demande à la Turquie d'abandonner ? Si c'est celui de « Khalife », il serait nécessaire et loyal de le désigner avec précision et franchise. Car l'article 139 du Traité, qui rompt tous les liens du Khalife avec les Musulmans soumis à la souveraineté ou au protectorat de tout autre état. menace sérieusement les pouvoirs spirituels du Khalife.

Le vilayet de Bagdad, où se trouve le centre vénéré de Kerbélah ne peut, non plus, être érigé en Etat autonome sous la protection d'une Puissance chrétienne.

Ces complications d'ordre religieux n'entrent pas, dira-t-on, dans le domaine des conceptions politiques de l'époque actuelle ! Je souhaiterais que cette objection fut sincère et juste ; mais, la réalité nous apprend que, de plus en plus, les sentiments religieux, sentiments d'ordre privé pourtant, sont constamment mis en cause et invoqués contre les peuples musulmans. On s'en convainct aisément en étudiant l'histoire du monde depuis l'époque des Croisés, principalement jusqu'à nos jours.

La question du Khalifat et des Lieux-Saints, qui concerne exclusivement les Musulmans, sera, dans l'avenir, réglé entre les Mahométans ; la France et l'Angleterre, dans leur propre intérêt, ne devraient pas y intervenir.

Le Gouvernement turc accorderait volontiers une large autonomie au Hedjaz. D'ailleurs, l'Emir actuel de La Mecque et ses fils, mettent l'intérêt et le salut suprêmes de l'Islam au-dessus de leurs prétentions et ambitions personnelles. Pourquoi chercherait-on à leur suggérer des intentions malveillantes qui ne sont jamais venues à leur esprit?

La haine entre les différentes races a été une des principales causes de la décadence de l'Empire ottoman. J'ai toujours soutenu que cette haine a été excitée et entretenue par des agitateurs étrangers, dans un but de politique criminelle.

Le Traité, dans sa forme actuelle, confirme ma conviction à cet égard. Non seulement, il serait une source de discorde entre les éléments turcs, grecs, bulgares et arméniens, mais encore entre les musulmans arabes, turcs, kurdes, voire même circassiens.

Cette politique de division ne doit pas être la politique de grandes Nations qui se proclament à la tête du progrès et qui viennent de lutter, pendant près de cinq ans, dans la plus sanglante des guerres, uniquement pour le droit, pour la victoire de la justice et de la morale.

Le peuple arabe dont l'intelligence a doté l'humanité de tant de chefs-d'œuvre ne laissera pas s'accomplir de pareils desseins meurtriers et détestables: Arabes et Turcs ont déjà compris le danger qui les menace et un commun instinct de conservation les rapprochera irrésistiblement contre ces manœuvres du dehors. Leurs cœurs, remplis d'amertume, ils ne se soumettront jamais de bon gré à l'influence et à la domination d'une Puissance étrangère.

Les Arabes se plaignaient naguère de la mauvaise administration et des agissements de quelques fonctionnaires ottomans, mais ils ne se sont jamais élevés contre les Turcs, qui nourrissent une profonde affection pour les Arabes et tout ce qui est arabe.

## KURDISTAN

Le Traité propose à la Turquie d'accepter à l'avance l'autonomie des territoires habités en majorité par les Kurdes. Cette autonomie aurait pu être reconnue, si toutefois ce pays n'était placé sous le contrôle des Puissances Alliées

Que peuvent poursuivre les Alliés dans le désert du

Kurdistan, dont ils ne reconnaissaient même pas l'existence géographique sous le règne d'Abdul-Hamid, au moment où furent perpétrés les massacres des Arméniens ? Ce ne peut être ni pour récompenser les braves Kurdes, ni pour assurer leur bonheur, que les Alliés s'aventurent aujourd'hui dans ces pays lointains.

Sous la raison sentimentale et proclamée, c'est-à-dire le respect du droit, de la liberté et de la civilisation, on peut découvrir deux buts certains :

1° La mainmise sur les vastes gisements miniers de ces contrées (1) ;

2° Le démembrement de l'Empire ottoman.

La population Kurde, ajoute le Traité, pourra obtenir son indépendance sur avis favorable de la Société des Nations. Mais l'intérêt matériel des grands Etats de l'Entente à la conserver sous sa domination est trop puissant et le pays est d'une trop grande richesse pour que les plus ardus obstacles ne se dressent constamment devant la réalisation de son indépendance. Le Kurdistan n'est pas un pays stérile comme le Hedjaz, pour jouir facilement de sa liberté complète.

Rien n'est plus immoral, quelles que soient les passions exaspérées par la guerre, que de pousser un peuple à rompre, contre son gré, les liens qui l'attachent à la mère patrie, et de bouleverser ainsi sa vie sociale et politique ? Car les Kurdes, toujours fidèles et dévoués au Sultan, ne lui demandent qu'une simple autonomie locale pour faciliter leur libre développement économique.

L'intrépide et honnête peuple Kurde, tant de fois calomnié, se laissera-t-il séduire par les promesses des Alliés sous lesquelles il ne saurait manquer d'apercevoir les intrigues qui se trament autour de lui pour l'aveugler et pour le pressurer ?

## ARMENIE

Les affaires arméniennes semblent être une étoile d'heureux présage pour le Traité. La chaîne ne tardera pas à se rompre, puisqu'un des anneaux en est déjà brisé.

---

(1) De la discussion récemment soulevée au sujet du pétrole de MOSSOUL, - discussion d'épicier - jaillit la lumière. Le marchandage diplomatique le plus ignomineux ayant pour but d'accaparer les biens des peuples est mis à jour.

Le Traité soumettrait à l'arbitrage du Président des Etats-Unis d'Amérique la détermination de la frontière entre la Turquie et l'Arménie.. Et voici que le Sénat américain repousse cette étrange proposition, tant elle s'écartait des principes mêmes du Président.

Il fallait, en effet, avoir perdu la raison ou bien n'être qu'un fourbe, pour admettre une seule clause dudit Traité, dont l'ensemble est diamétralement opposé au programme Wilsonnien.

La Turquie peut reconnaître, dans le Caucase, à Erivan, la création d'une Arménie libre et indépendante.

Quant aux territoires turcs à céder aux Arméniens pour régulariser leurs frontières, ils seraient fixés, après le consentement de la Chambre Ottomane, par une commission mixte turco-arménienne, seule façon de parvenir à l'établissement de relations solides et durables entre les deux pays.

Les difficultés et les objections, soulevées de part et d'autre, seront plus facilement et mieux aplanies entre la Turquie et l'Arménie directement, que par l'intermédiaire ou sur l'intervention d'une Puissance Etrangère, partiale par instinct et désireuse de conserver en Orient des germes de conflits futurs.

Les ennemis de la Turquie, qui travaillent systématiquement à la brouiller avec le monde entier, ont souvent exploité les malheurs arméniens et grecs dans leurs propres intentions politiques. Depuis l'Armistice, une pluie de griefs et de reproches s'est abattue sur les Turcs, pour justifier l'imposition d'un Traité aussi cruel qu'inhumain.

Notre faute initiale n'aurait pas été seulement de nous être alliés avec l'Allemagne — d'autres peuples dont l'indépendance et la liberté ont été reconnues l'avaient été avant nous — mais aussi d'avoir « massacré » les Arméniens.

Cette seconde accusation est d'ailleurs le complément de la première, car si nous nous étions joints à l'Entente, nul n'aurait soulevé cette question des massacres. Il ne s'en serait pas produit, faute d'agents provocateurs étrangers.

Les carnages des paisibles populations musulmanes par les Grecs ne sont pas moins horribles et répréhensibles. Les événements de Smyrne et les résultats de l'enquête interalliée sont connus de tous les amis de la vérité. Cependant, la Grèce, faisant partie des Puissances alliées, a été comblée de récompenses. Il suffit d'avoir été associés de l'Entente comme les peuples issus du démembrement de la Turquie, pour être absous de tous les crimes du passé.

Lorsque je prenais, au Sénat, la défense des Arméniens, le Gouvernement de Talaat Pacha me répondait que les Arméniens agissaient comme ennemis des Turcs et de l'Empire, et, d'accord avec nos adversaires, facilitaient l'avance des troupes russo-anglaises en Asie.

Je savais pourtant qu'ils n'étaient pas entièrement innocents, comme l'a réconnu récemment Lord Curzon ; néanmoins, cela ne pouvait justifier, à mes yeux, les massacres, les déportations et les atrocités tolérées par le Gouvernement d'alors, qui ne pervenait pas à calmer mon indignation en présence de ces tristes événements.

Or, après la conclusion de la convention d'Armistice, le Gouvernement Britannique, tout en réclamant à la Sublime-Porte le châtiment des coupables turcs, réservait un chaleureux accueil aux chefs des bandes arméniennes, accusés des mêmes crimes et des mêmes forfaits. Ces héros se glorifiaient d'ailleurs ouvertement de leurs valeureux exploits pendant la guerre contre les Turcs. Leurs représentants assistèrent à la cérémonie de la remise du Traité de Paix turc, comme collaborateurs des Puissances alliées, et avec le titre de « Délégation Arménienne ».

Par cette façon d'agir, qui manque au tact le plus élémentaire, on a voulu, une fois de plus, insulter le Turc vaincu.

Mais on oublie que l'on justifie de la sorte les raisons et les prétentions émises par Talaat Pacha !

Devait-on infliger une telle douleur au peuple turc et à ses plénipotentiaires, et une telle atteinte à la justice ?

## ORGANISATION DU TRAVAIL

S'il était permis de plaisanter dans les pénibles circonstances actuelles, j'aurais voulu conseiller aux Etrangers qui connaissent la condition des ouvriers de mon pays, de méditer les clauses du Traité relatives au travail.

On y parle de la justice sociale, de l'harmonie universelle, de la lutte contre le chômage, des principes de la liberté syndicale, de la condition des travailleurs, du régime du travail, du droit d'association, du repos hebdomadaire, du principe du salaire égal, en un mot, de tout ce qui peut contenter les socialistes les plus difficiles ; mais tout cela, sans fournir la moindre explication au sujet de l'application de ces théories en Turquie.

La seule indication qu'on y donne, c'est qu'il y aura une organisation permanente composée naturellement de représentants alliés chargés de la réalisation de ce beau rêve.

Il ne sera cependant pas possible et sans danger, de changer du jour au lendemain la vie et la structure sociales d'un peuple. Je crois peu aux bienfaits des subites organisations. Ebranler violemment les institutions d'une nation, rompre avec l'esprit de ses traditions, c'est la livrer partout à de nouvelles oppressions et à de nouvelles souffrances ; souffrances morales surtout, car un peuple, en franchissant les étapes du progrès, ne doit pas laisser derrière lui ses vertus et ses traditions nationales, autrement il serait écrasé et perdu. Ce sont sans doute les moyens les plus sûrs que les Alliés aient trouvés pour maintenir, dans le servage, une population déjà appauvrie par la guerre.

L'ouvrier, chez nous, est simple ; il n'aime pas les complications qui peuvent l'enchaîner. La vie, en Orient, ne le comporte pas. Il travaille quand il lui plaît de travailler. Quoique ignorant, il a du cœur, plus de cœur que de raison. Les sentiments religieux et nationaux sont très développés chez lui, même chez les plus simples portefaix. C'est ainsi qu'ils ont refusé, à plusieurs reprises, de charger et de décharger les vaisseaux anglais, qui transportaient du matériel destiné à poursuivre en Orient la politique de guerre.

C'est ce cas particulier, plutôt que le bonheur commun des travailleurs turcs, que prévoit probablement le Traité.

## SANCTIONS

Le chapitre du Traité relatif aux sanctions exige du Gouvernement ottoman, la livraison, aux Puissances alliées, des personnes accusées d'avoir commis des actes contraires aux lois et coutumes de la guerre. Les Alliés réclament également, dans ce chapitre, les personnes responsables des massacres et même celles qui les ont provoqués.

Nous ne sommes pas moins sensibles que les Allemands à cette atteinte portée à notre dignité et ne resterons

pas moins irréductibles, surtout en ce qui touche à l'honneur de notre armée. D'autant plus que les Turcs n'ont pas fait une guerre offensive et dévastatrice. Au contraire, ce sont eux qui ont subi l'attaque des Anglais et des Français, lesquels ont piétiné le sol de notre Patrie, le couvrant de ruines irréparables à l'époque même de l'Armistice, contrairement aux lois et coutumes de la guerre.

D'autre part, les officiers français qui se sont trouvés en contact avec notre armée, sont unanimes à rendre justice à la conduite correcte et chevaleresque de nos troupes.

Si certains de nos officiers ont commis des actes contraires aux lois et coutumes de la guerre, le droit de sévir n'appartient qu'à nous seuls. Quelques-uns d'entre eux sont déjà punis, et les autres seront également jugés et châtiés. Mais nous ne pouvons aucunement livrer nos compatriotes au jugement des tribunaux étrangers. Accusateurs et juges à la fois, ces tribunaux sont illégaux, il nous est impossible d'avoir confiance en leur impartialité.

Les personnes arrêtées arbitrairement à Constantinople par les Autorités britanniques, se trouvent à Malte depuis un an et demi, sans avoir été jugées ni même interrogées.

La plupart des Turcs qui ont été mis en état d'arrestation sont de vrais patriotes qui n'ont commis d'autre faute que celle de blâmer la politique actuelle du Gouvernement britannique.

Il ne faut pas croire pour cela que nous voulions laisser les coupables impunis ; nous n'insistons seulement que sur le point de les faire juger directement par nos tribunaux, droit qui appartient exclusivement à la justice ottomane.

La justice anglaise, en ce qui concerne les affaires étrangères et surtout musulmanes, ne nous inspire aucune confiance, car un gouvernement qui ne croit pouvoir garantir son autorité et son prestige qu'en arrêtant et en exilant les indigènes les plus capables et les plus estimés d'un pays, prouve par là que sa justice est entachée de partialité et de visées politiques.

Si nous acceptions cette clause, les arrestations et les déportations continueraient après la paix sur une plus grande échelle. Or, en aucune façon, nous ne voulons y contribuer.

Et puisqu'on réclame la punition des coupables au nom

de l'humanité, que l'on commence donc par les crimes commis par les Bolcheviks en Russie, par les armées blanches en Hongrie, et par les troupes helléniques à Smyrne.

Nous savons que ce n'est point par un sentiment de justice et d'humanité que les Alliés interviennent dans cette question, qui est d'ailleurs d'ordre intérieur ; car alors, nous aurions entendu pousser le même cri d'indignation contre le massacre des Albanais par les Grecs, et celui de nombreux Musulmans par les Bulgares.

Les hommes politiques qui paraissent si touchés par les malheurs des Arméniens, ne soufflent mot sur les carnages qui ont lieu en Russie. Ils sont prêts à pardonner au gouvernement russe tous ses crimes et même sa conduite pendant la guerre à l'égard de son alliée officielle, s'il venait à reconnaître ses dettes financières. Il faut voir la réalité des faits tels qu'ils sont et savoir les comparer.

Il ne faut pas oublier non plus les terreurs, les noyades et toutes les autres atrocités qui tachent l'histoire de beaucoup de peuples, et que, seule, la distance nous fait juger moins abominables que celles de l'heure présente. Les Puissances civilisées de l'Europe et de l'Amérique n'ont pas supprimé la barbarie, elles l'ont perfectionnée. On oublie vite les orages passés.

## FINANCES

C'est toujours en me plaçant sur le terrain politique que je vais aborder à présent les clauses financières du Traité.

Toutes les affaires financières de la Turquie seront réglées et contrôlées dorénavant par une Commission financière étrangère.

Voici ce qui est stipulé à ce sujet :

« Une Commission financière sera créée, composée d'un représentant de chacune des Puissances alliées spécialement intéressées, la France, l'Empire Britannique et l'Italie, auquel sera adjoint un Commissaire Ottoman avec voix consultative.

« Le budget à présenter annuellement au Parlement Ottoman, par le Ministre des Finances, devra être soumis, en premier lieu, à la Commission financière et présenté au Parlement dans la forme approuvée par ladite Commission.

Aucune modification introduite par le Parlement, n'aura effet sans l'approbation de la Commission financière.

« Le Gouvernement Ottoman s'engage à ne faire aucun emprunt intérieur ou extérieur, sans le consentement de la Commission financière. Aucune concession nouvelle ne devra être accordée par le Gouvernement Ottoman soit à des ressortissants ottomans, soit à toute autre personne, sans le consentement de la Commission financière. »

J'ai tenu à reproduire textuellement ces quelques articles, parce qu'ils suffisent, sans commentaire, à montrer à quel point l'indépendance de l'Etat et la souveraineté du peuple sont violées, méprisées et foulées aux pieds !

L'examen et le vote du budget, qui constituent la principale raison d'être du Parlement, n'existeront plus que chimériquement. La Chambre Ottomane ne sera plus qu'un trompe-l'œil, puisque la Commission financière, composée d'étrangers, aura tous les pouvoirs et le dernier mot en tout.

Les Députés auront beau proposer des lois utiles au relèvement du pays, telles que des lois relatives à l'instruction publique et à la culture morale de la jeunesse, ces lois ne seront valables et mises en vigueur qu'à la condition d'être revêtues du consentement de la Commission financière.

Ainsi, le peuple, nominalement souverain, n'aura même pas la faculté et les moyens nécessaires pour instruire et élever ses enfants selon sa volonté propre.

Ce n'est certes ni la Commission financière, ni la Société des Nations qui songeraient à notre développement moral et intellectuel. Il serait d'ailleurs absurde d'attendre de leur part le relèvement d'une Nation dont ils ont décidé la disparition. Il n'est pas non plus conforme à la politique des grandes Puissances d'assurer et de faciliter l'éducation du caractère de la jeunesse musulmane, éducation qui aurait surtout pour résultat le développement du sentiment patriotique et national.

Au début de ce chapitre, les Puissances Alliées semblent faire preuve de clémence à l'égard des Turcs. « La Turquie, déclarent-elles en résumé, a causé aux Alliés des pertes et des sacrifices dont elle devrait assurer la complète réparation, mais ses ressources étant insuffisantes pour lui permettre de l'effectuer, toutes les réclamations concernant les réparations sont abandonnées par les Puissances Alliées. »

Les vastes territoires enlevés aux Turcs et partagés entre elles, ne comptent-ils donc pour rien ? Outre cela, elles nous contraignent tout de même au versement d'une foule d'indemnités pour toutes sortes de dommages, de frais, etc., etc., sans compter les sommes exigées pour l'entretien des nombreuses missions largement rétribuées et dont le total dépassera certainement le montant problématique des réparations généreusement abandonnées.

Nous préférerions avoir un chiffre global à payer que d'assister à la répartition de dettes aussi variées que bizarres, sous le contrôle humiliant des étrangers.

Mais les Alliés veulent nous tenir par les nerfs...

Les hommes d'affaires qui ont tant profité de la guerre, désirent profiter aussi de la paix.

On ne sait plus si c'est une guerre de domination ou, comme on l'avait prétendu, une guerre de libération qui a bouleversé le monde !

C'est, tout de même, un rôle odieux que celui de piétiner à tel point un vaincu !

## NATIONALITE

Cette partie du Traité impose des difficultés insurmontables aux personnes qui désirent conserver la nationalité ottomane, tandis qu'elle multiplie les facilités pour celles qui veulent opter en faveur de la nationalité arménienne, grecque. syrienne, etc...

La liberté et les droits du citoyen turc sont ainsi sacrifiés au profit d'une des nationalités nouvellement constituées sur notre propre territoire.

Par exemple : « Les personnes âgées de 18 ans, qui sont établies sur un territoire détaché de la Turquie et ayant exercé le droit d'option pour un autre Etat, devront transporter leur domicile dans l'Etat en faveur duquel elles auront opté ».

Ce qui veut dire qu'un Bulgare ou un Turc d'Andrinople ne pourra rester chez lui ni jouir de ses biens que s'il devient sujet Hellène.

Voilà par quelles décisions le Conseil suprême de la paix sanctionne « le triomphe de la liberté ».

## PROTECTION DES MINORITES

Le Traité réclame en faveur des Minorités, des droits en apparence humanitaires. Ces droits sont formulés sous forme de « Déclarations fondamentales ». Aucune loi, aucun décret officiel, aucun Iradé Impérial du Sultan même ne prévalent contre elles !

Au fond, ces droits, si pompeusement réclamés, ne sont autre chose que la reproduction des privilèges que nos Sultans avaient accordés de leur propre volonté aux races non musulmanes de l'Empire, et cela, à une époque où le libre exercice du culte et de l'enseignement, en dehors de ceux de l'Etat, ainsi que la liberté de conscience, étaient inconnus en Europe.

Il y a eu, certes, des époques où ces privilèges n'ont pas été entièrement respectés. Sous le règne d'Abdul-Hamid, la liberté et les droits de la majorité même étaient parfois violés. Et c'est précisément contre ce régime de violence et d'absolutisme que les patriotes ottomans luttèrent vingt ans de suite, alors que les grandes Puissances, notamment l'Allemagne et la Russie entretenaient d'excellentes relations et négociaient de « bonnes affaires » avec ce même Abdul-Hamid !

Conformément à la partie du Traité relative aux minorités : « Le Gouvernement ottoman présentera aux Puissances Alliées un projet d'organisation du système électoral, basé sur le principe de la représentation proportionnelle des minorités ethniques ».

Les Puissances Etrangères, nos créancières, peuvent, à la rigueur, nous proposer, à nous leurs débiteurs considérés en faillite, des lois relatives à nos finances, mais elles n'ont pas le droit de nous imposer des lois électorales, sans violer la souveraineté de la Nation.

« Des facilités seront données, stipule le Traité, aux ressortissants Ottomans de langue autre que le turc, pour l'usage de leur langue devant les tribunaux. »

« Il ne sera édicté aucune restriction contre le libre usage de leur langue, soit en matière de presse ou de publication de toute nature, soit dans les réunions publiques. »

Il serait curieux et intéressant de savoir quel est en Europe l'Etat le plus libéral qui ait accordé à la minorité ethnique de sa population les droits qu'on nous impose !

Nous savons quelle était hier encore la conduite du Gouvernement du Kaiser à l'égard des Polonais et celle du Gouvernement du Tsar envers toute la population non orthodoxe de la Russie.

Quant aux Arabes qui constituent, non pas la minorité, mais bien la majorité dans l'Afrique du Nord, j'imagine qu'ils se jugeraient bien heureux s'ils voyaient appliquer en leur faveur quelques-unes de ces lois qu'on impose au Gouvernement ottoman avec tant de véhémence et de dureté.

L'ampleur des privilèges accordés à la minorité, qui la rend plus libre que la majorité, peut exciter le mécontentement légitime de celle-ci. Elle empêchera la réconciliation et la solidarité entre les diverses nationalités. Il n'y aura plus d'unité ni d'harmonie dans l'administration générale du pays. Il n'y aura pas de grands travaux faits en commun pour le bonheur de tous. Est-ce à ce sinistre résultat que veut nous condamner l'Entente ?

## CONCLUSIONS

Le Traité impose à la Turquie la tutelle des Puissances alliées et malgré les apparences et les fictions diplomatiques, l'Empire Ottoman tout entier est menacé dans son indépendance.

Quelle valeur conservent alors, au regard de toute l'Humanité, la signature d'une Délégation contrainte et les engagements d'un peuple mineur ?

Ce serait, de notre part, un acte profondément immoral que d'accepter les obligations inexécutables d'un Traité injuste, sachant que, malgré notre désir de paix, nous sommes dans l'impossibilité d'y satisfaire.

Les conditions qui nous sont imposées suspendront le libre développement du peuple turc. Elles préludent à sa destruction complète. En y souscrivant, nous signerions la condamnation à mort de notre pays.

Or, la Turquie ne veut pas mourir. Un peuple qui, pendant des siècles, a rempli le monde de son éclat et de sa grandeur, un peuple qui a donné tant de preuves de sa loyauté et de sa générosité, ne peut être sacrifié ni aux intentions des hommes d'Etat, ni aux intérêts matériels des hommes d'affaires.

J'ai foi en la vitalité profonde de la Nation et en son énergie. Sa résignation ne doit pas être considérée comme un signe de faiblesse. La Nation tout entière restera inébranlable devant le droit et la justice.

Certes, notre Empire est menacé de décadence. Le Turc est aujourd'hui plus vivement frappé par ses malheurs qu'il ne jouit autrefois de ses triomphes. Mais, nul parmi ceux qui l'observent avec sympathie, avec justice, ne peut méconnaître qu'il conserve, dans l'infortune même, sa noblesse et sa beauté !

Le peuple turc, blessé, garde une âme fière dans la redoutable épreuve qu'il affronte tête haute. Une espérance adoucit la tristesse de son cœur. Il pense que la France ne peut manquer à ses traditions historiques et que les principes de la Grande Révolution qui, déjà en 1908, le sauvèrent de l'abominable régime l'Abdul-Hamid, le sauveront encore d'une non moins abominable domination étrangère.

Sans doute, les guerres successives qui ont déchiré la Turquie ont fait pâlir l'éclat de notre Révolution de 1908. Elle ne représente pas moins un des plus nobles efforts tenté par un peuple éprouvé, vers la lumière et la raison. Combattue à l'intérieur et à l'extérieur avec une implacable violence, elle ne peut cependant laisser aucun doute sur notre sincérité et la pureté de nos intentions.

Si la Turquie, dans la terrible guerre qui a dévasté le monde, a commis une erreur grave, il faut d'abord en rechercher la cause dans sa situation politique précaire et instable à cette époque et dans sa position d'avant-garde entre la Russie qui ambitionnait Constantinople et les Détroits, la Grèce et la Bulgarie qui rêvaient la conquête de l'ancien Empire byzantin et l'Angleterre qui, pour la surveillance de son vaste Empire Colonial, s'emparait successivement de tous les grands passages géographiques.

Notre Patrie servait de champ de bataille aux financiers occidentaux : banques, douanes, lignes de chemins de fer, commerce, transports, fournitures d'armes et de munitions, étaient avec la duplicité d'Abdul-Hamid, les armes au moyen desquelles ils se combattaient.

Les Jeunes-Turcs — et bien des confusions contre lesquelles je m'élève, dues à l'ignorance de notre politique intérieure, se sont produites sur ce nom — les Jeunes-Turcs, dis-je, qui obtinrent alors le pouvoir dans les circonstances pacifiques que l'on sait, mirent au service de leur pays une foi ardente et le plus généreux des enthousiasmes.

Mais la Turquie, au moment même où elle accomplissait ce formidable effort politique et moral, se trouva comprimée par les nations balkaniques, ambitieuses et impatientes de profiter de sa situation intérieure pour s'agrandir de son territoire européen. Et Constantinople, convoitée par la Russie, fut de nouveau menacée.

L'Autriche entra la première en scène et occupa la Bosnie ; la Bulgarie annexa la Roumélie et l'Italie s'empara de Tripoli. Puis ce furent les guerres balkaniques où s'entre-choquaient déjà l'Entente et les Puissances Centrales. Le traité de Londres nous laissa sanglants et désemparés.

Dans la débâcle qui suivit, la nation turque erra à l'aventure, délaissée par la France, suspectée par l'Angleterre, blessée par la Russie et sourdement travaillée par les Empires Centraux. L'âme douloureuse du peuple en fut troublée et ceux qui, parmi ses défenseurs de 1908 accomplirent l'effort de redresser sa volonté défaillante, demeurèrent impuissants.

C'est alors que l'Allemagne, profitant des rivalités européennes et se donnant l'allure désintéressée d'un protecteur moral, s'infiltra peu à peu dans notre pays.

Telle fut l'origine profonde de notre attitude en 1914.

Nous avons commis une lourde faute, mais nous l'avons cruellement expiée. La France seule, envahie comme nous le fûmes, frappée aussi dans son cœur, peut mesurer notre infortune et notre malheur.

La France qui ne laissa jamais commettre une injustice sans protester, ni détruire un pays sans lui prêter son aide, nous abandonnera-t-elle à la vindicte impitoyable des nations victorieuses ?

Ce fut, hélas ! son représentant qui vint nous signifier l'arrêt de mort de notre Patrie.

Nous en appelons encore à sa justice et à sa raison, que nous voulons éclairer de toute la ferveur de notre patriotisme.

En Italie et même en Angleterre les dignes fils de ceux qui ont exécutés les nobles principes de la liberté ne manquent pas, ils suivront, eux aussi, j'en suis sûr, les voix des protestations françaises contre les convoitises brutales qui piétinent en Orient les intérêts sacrés du peuple ottoman.

Aussi, en terminant, disons-nous aux Français : « La Turquie ne peut mourir, la France ne peut sceller les pierres de son tombeau ! »

AHMED RIZA.

# TABLE DES MATIÈRES

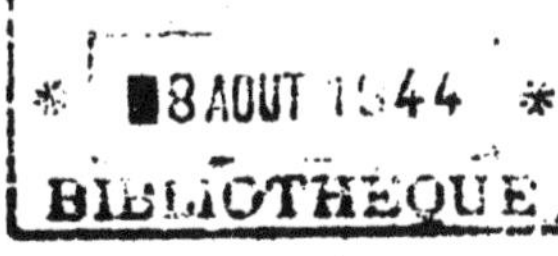

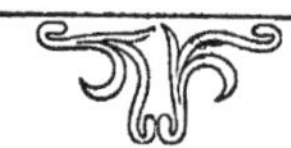

R.F.

www.ingramcontent.com/pod-product-compliance
Ingram Content Group UK Ltd.
Pitfield, Milton Keynes, MK11 3LW, UK
UKHW021105260726'
13994UKWH00002B/713

9 782329 322704